CB012823

Afrografias da Memória

COLEÇÃO PERSPECTIVAS
dirigida por J. Guinsburg

Coordenação de texto	Luiz Henrique Soares e Elen Durando
Preparação de texto	Sônia Queiroz e Olívia Almeida
Revisão:	Marcio Honorio de Godoy
Capa e projeto gráfico:	Sergio Kon
Produção:	Ricardo W. Neves e Sergio Kon

LEDA MARIA MARTINS

AFROGRAFIAS DA MEMÓRIA

O REINADO DO ROSÁRIO NO JATOBÁ

2ᴬ EDIÇÃO REVISTA
E ATUALIZADA

MAZZA
edições

PERSPECTIVA

CIP-Brasil. Catalogação na Publicação
Sindicato Nacional dos Editores de Livros, RJ

M344a
   2. ed.
   Martins, Leda Maria
   Afrografias da memória : o Reinado do Rosário no Jatobá / Leda
Maria Martins. - 2. ed., rev. e atual. - São Paulo : Perspectiva ; Belo
Horizonte [MG] : Mazza Edições, 2021.
   256 p. : il. ; 21 cm. (Perspectivas)

   ISBN 978-65-5505-068-4 (Perspectiva)
   ISBN 978-65-5749-025-9 (Mazza Edições)

   1. Negros - Religião - Jatobá (Belo Horizonte, MG). 2. Cultos afro-
brasileiros - Jatobá (Belo Horizonte, MG). 3. Congadas - Jatobá (Belo
Horizonte, MG). I. Título. II. Série.

21-72369   CDD: 299.6
                                               CDU: 259.4

Meri Gleice Rodrigues de Souza - Bibliotecária - CRB-7/6439
02/08/2021   03/08/2021

2ª EDIÇÃO REVISTA E ATUALIZADA
1ª reimpressão

Direitos reservados à

EDITORA PERSPECTIVA LTDA.

rua Augusta, 2445, cj. 1
01413-100 São Paulo SP Brasil
Tel.: (11) 3885-8388

www.editoraperspectiva.com.br

MAZZA EDIÇÕES LTDA.

rua Bragança, 101
30280-410 Belo Horizonte MG Brasil
Tel.: (31) 3481-0591

www.mazzaedicoes.com.br

2021

In memoriam

Malaquinhas do Formigueiro
José dos Anjos Ferreira
José Basil de Freitas
Francisco Lopes
Virgulino Mota
Edson Tomaz dos Santos
Maria Belmira da Silva (d. Niquinha)
João Lopes
Alzira Germana Martins
Maria Geralda Ferreira
Matias da Mata
Leonor Pereira Galdino
Antônio Vítor Velozo
José dos Anjos Filho
Marco Rodrigo Ribeiro Martins
Expedito da Luz Ferreira
Aracy Mota Saraiva dos Santos
Arceu Vallerio de Lima

*e de todos os congadeiros
que cantaram ingomá.*

Em homenagem
aos nossos antepassados
ao Reinado de Nossa Senhora do Rosário
do Jatobá
a João Lopes
à minha mãezinha, Alzira Germana Martins
ao meu filhinho, Marco Rodrigo Ribeiro
Martins
e aos que ainda vão nascer

para
as crianças do reino,
as gungas do amanhã.

Sumário

Cantares

Afrografias Rituais

Se a Morte Não Me Matar, Tamborim

Guiné, Guiné, Zâmbi Pague, Eu Agradeço

Aos congadeiros que me emprestaram sua voz.

A todos que na primeira edição contribuíram para esta narrativa, dentre eles João Lopes, Sebastião dos Santos, Maria Geralda Ferreira, Leonor Pereira Galdino, Matias da Mata, José dos Anjos Filho, Alzira Germana Martins, Iracema Pereira Moreira, Edithe Ferreira Mota, Getúlio Ferreira Mota, Arceu Vallerio de Lima, Expedito da Luz Ferreira, José Apolinário Cardoso, Adair Valério de Lima, Maria Barbosa de Souza (d. Lica), Alexandre Pereira Daves, Glaura Lucas.

Aos que me auxiliaram na conferência e atualização da 2ª edição, me ajudando na difícil tarefa de incluir mais algumas informações preciosas; um trabalho árduo de busca e trocas de informações que me permitiu resgatar nomes e dados, relativos a períodos mais remotos e mesmo mais recentes, encorpando a história aqui narrada e me ajudando a recolher novas imagens. Dentre eles, Ildefonso Mota, Walquíria Kátia Moreira, José Antônio Rodrigues, Rosemaire Ferreira Passos, Maria Isabel de Pádua Rios Moreira,

Ritielly Caroline Barroso Pereira, Eliete Karla dos Santos Oliveira, Conceição dos Santos, Edna Cardoso dos Santos.

A Sônia Queiroz e a Olívia Almeida pela primorosa preparação dos originais e primeira revisão da segunda edição. A Isabel Cassimiro Gasparino, pelas rezas. A Pedro Kalil Auad e a Priscila Musa, por me auxiliarem na seleção e composição das fotos.

A todas e todos que me acompanham nessas andanças.

Ao Museu do Ouro de Sabará, à Cúria de Mariana, Cúria Metropolitana de Belo Horizonte, ao Arquivo Público Mineiro, Museu Abílio Barreto, Instituto de Geociências Aplicadas, Plambel, Prodabel, dentre outros órgãos e instituições.

A Jacó Guinsburg, editor admirado, memória de afetos. À d. Gita Guinsburg, pela delicadeza.

À editora Perspectiva e a Mazza edições, pela feliz parceria.

A todos esses oratórios de saberes, meus mais fervorosos e ternos agradecimentos.

Nota da Autora

Escrever este livro foi uma missão que recebi do saudoso capitão João Lopes, na época capitão-mor do Reinado de Nossa Senhora do Rosário do Jatobá. Uma missão que se tornou um encantamento e um exercício de aprendizagem. *Afrografias da Memória, o Reinado do Rosário no Jatobá* viajou no gosto dos leitores e esgotou-se rapidamente.

A todos agradeço a generosa e duradoura recepção.

Nesta segunda edição, revista e atualizada, foram realizadas breves inserções, cobrindo algumas lacunas e complementando dados, principalmente relativos ao período de 1996 a 2020.

Desde 1997, ano da primeira edição, muitos dos nossos calunga levou. Desde a morte do *anganga muquiche* João Lopes, mentor desta narrativa, em 2004, nos anos seguintes, principalmente nos sete primeiros, número emblemático para o povo de reinado, reis, rainhas, capitães e partícipes, mais velhos e também mais moços, foram habitar as etéreas terras ancestrais d'Ingoma. Muitos deles eram nossos troncos, nossos amados mestres. Em 2005, d. Alzira Germana Martins, rainha de Nossa Senhora das Mercês, e d. Maria Geralda Ferreira, a Dindinha, matriarca, esteio, guardiã dos bastões e guia maior da tribo desde 1932; em 2008, Matias da Mata, então capitão-mor, e d. Leonor Pereira Galdino, rainha conga; em 2009, o capitão Antônio Vítor Velozo; em 2010, sr. José dos Anjos Filho, rei congo; em 2018, o capitão Expedito da Luz Ferreira; em 2019, Aracy Mota Saraiva dos Santos, voz da novena de Nossa Senhora do Rosário do Jatobá; em 2020, o capitão Arceu Vallerio de Lima.

Lacunas emblemáticas de sábios guardiães de nossa memória, de nossos saberes, de nossas tradições, hoje antepassados, guias de nosso presente.

Permanecemos nós, ocupando funções a nós legadas, investidos todos do desejo de honrar nossos ancestres, rememorar seus conhecimentos, celebrar sua sabedoria e nobreza. E de regar, com sua numinosa lembrança, nossas próprias *nzilas*, as trilhas de hoje e dos amanhãs.

No movimento curvo da memória, nosso tempo-tambor gira para trás e simultaneamente para frente, na cadência das espirais que enovelam e inspiram o presente. Volver o olhar para o antes é virá-lo também para o depois, e para os agoras. Assim ainda cantamos, assim saravamos, assim dançamos e batucamos com a força de Nzambi, que nos alumia, como bem revelam os cantares:

> Canta, canta, crioulo
> Canta, canta, crioulo
> Sua força vem de Zâmbi
> Sua força vem de Zâmbi.
>
> A Senhora me falou
> que no fundo do mar
> tem areia.
> Nego véio respondeu
> esta gunga de preto
> não bambeia.
>
> "CANTOS DE REINADO"

No canto espelhamos nossos antigos mestres e versamos novas toadas; no sonho também os vislumbramos, pois eles nos habitam em cantares, gestos bailarinos, olhares ternos, mas também, às vezes, vigilantes. São nossa mais viva inspiração e nossa cura. Com eles de pé estamos e reinadeiros somos.

Em Yataobá, nas terras do Jatobá, tem um reino negro banto, território do sagrado onde reina Undamba Berê Berê, a Senhora do Rosário, nossa mãe *manganá*, mãe de todos, manto de nossa frágil existência; jardim de ancestralidade, memória, devoção, histórias, cantares, cores, tambores, saberes, sabores e preceitos. Terra de Fundamento. Lugar de afetos.

Que esta segunda edição de *Afrografias* seja uma dádiva e uma oferenda.

Moçambiqueiro
é hora
é hora de viajar
ô céu, ô terra, ô ar
Moçambiqueiro
na beira do mar.

CÂNTICO DE MOÇAMBIQUE

Deixa o Meu Gunga Passar

Devagarim
devagarim
ô, no Rosário eu vou, oiê
devagarim
devagarim
ô, no Rosário eu vou, oiá

CÂNTICO DE MOÇAMBIQUE

A *frografias da Memória* é um livro de falas, um texto de narrativas, tecido com o estilete da memória curvilínea de um dos reinados do Rosário, em Minas Gerais. E é a coreografia lacunar da memória e os rituais de linguagem ali encenados que regem os cantares, a enunciação textual e os saberes transcriados neste livro. Nesta tapeçaria discursiva, a dicção da oralidade e a letra da escritura se entrelaçam, trançando o texto da história e da narrativa mitopoética, fundadores do *logos* em um reino negro, o da Irmandade de Nossa Senhora do Rosário, na região do Jatobá, em Belo Horizonte[1].

Em outubro de 1993, João Lopes, capitão-mor do Reinado do Jatobá, adoeceu gravemente. De boca em boca, entre os congadeiros, corria a notícia da enfermidade desse *anganga muquiche*[2] do Rosário, *tata* maior, mestre de reinado. Indo visitá-lo

[1] Nesta narrativa, alguns nomes, como o de Virgulino Motta, foram grafados seguindo os documentos mais antigos.

[2] Sábio, mestre das cerimônias rituais, guia e conhecedor dos preceitos.

em novembro, já ao cair da noite, encontrei-o convalescente, cercado por seus familiares e por membros ilustres de sua Irmandade, reis, rainhas, capitães, dançantes e amigos. Mesmo abatido, o capitão João Lopes proseava e ria, enquanto sua esposa, d. Julieta, servia café, biscoitinhos e cuidava do neto serelepe. Felizes pela recuperação do capitão, as pessoas contavam casos, lembravam histórias do congado, puxavam cantos antigos, fabulavam. Deleitada, eu ouvia as reminiscências dessa nação conga e viajava nos fragmentos das narrativas, lembrando minha anterior vivência nesse reinado, quando, ainda criança, fora, por dez anos, princesa conga de d. Niquinha e Chico Lopes, saudosos reis congos dessa tribo.

Em determinado momento, já muito rouco pelo esforço da fala, João Lopes, bem sério, disse mais ou menos assim: "É, meu povo, dessa vez pensei que a morte me levava. É… Então pensei: muito pesquisador já me procurou, querendo que eu contasse a história do Reinado do Jatobá. E eu nunca quis. Essa história não está nos livros. Ela está na lembrança, no pensamento, na boca da gente. Mas agora que quase senti a minha hora e que os fundamentos estão modificando muito, eu quero contar."

Naquele instante, dirigiu-me fixamente o olhar, fez uma pausa e concluiu rindo: "E quero que você escreva!"

Naquela noite dormi encantada e inquieta. Como escrever a história do Rosário do Jatobá? Que sabia e sei eu sobre os fundamentos rituais sagrados dos reinados negros? Como alinhavar uma história que se constitui nos tempos do vivido e do contado? Como apreender, sem reducionismos teóricos, as fabulações da memória que habitam as narrativas dos reinadeiros e a complexidade da representação simbólica que se pereniza no tempo, geração após geração?

João Lopes não me deixou esquecer a missão e, a partir daquele mês de novembro, por incontáveis horas, esse griô do Rosário confidenciou-me seu profundo saber, contando, cantando, lembrando, guiando as respostas e muitas das perguntas. Em muitas jornadas, saímos os dois para conversar com os mais antigos, indagando, escutando, cosendo memórias. Em 1993, visitamos o sr. Sebastião dos Santos, na época o membro mais velho da Irmandade. Em sua narrativa, o sr. Sebastião, lúcido e brincalhão nos seus mais de cem anos, reportou-me à gênese da congregação da qual participara desde os seus primórdios, antes mesmo da dissidência de Jatobá do reino de Ibirité. D. Maria Ferreira, mãe de João Lopes, narrou-me os fatos mais relevantes sobre o início da capitania do sr. Virgulino Motta, seu esposo, que, a partir de 12 de outubro de 1932, assumiu o comando do Reino do Jatobá. D. Leonor Pereira Galdino, rainha conga, completou esse ciclo inicial de informações. Esse coro de vozes forneceu-me os subsídios imediatos que me permitiram imergir e recuar no passado, para delinear a origem e história do Reinado de Nossa Senhora do Rosário do Jatobá. Iniciei, na mesma época, fins de 1993 e início de 1994, a pesquisa das fontes primárias em arquivos e bibliotecas, visando mapear a região do Jatobá, rastreando a procedência étnica dos escravizados que habitaram as fazendas do lugar desde o século XVIII.

Por mais de dois anos, realizei dezenas de entrevistas com os membros da Irmandade e com antigos moradores da região e visitei, com os ternos do congado, outras irmandades, ampliando, significativamente, o repertório de informações, sobre as quais eu refletia e indagava exaustivamente. Os cruzamentos dos registros orais com os parcos fragmentos escritos, que eu localizava nos arquivos, apontaram-me a antiga e já extinta fazenda da Pantana, em Ibirité, como um dos focos principais de referência sobre os negros naquela vasta região. A fazenda era de propriedade de d. Pulquéria Pereira de Freitas, uma senhora negra, dona de muitos cabedais, uma das mais ricas proprietárias de terras em Minas Gerais no século XIX, ainda hoje lembrada como a temida Madrinha da Pantana. Seguindo essas informações, em 1994, após inúmeras incursões por vários museus, eu e Alexandre Daves, bacharel em História, que muito me auxiliou na pesquisa das fontes primárias arquivísticas e cartoriais, localizamos, nos arquivos do Museu do Ouro de Sabará, o inventário de d. Pulquéria, datado de 1861, e o de seu marido, o alferes Antônio José de Freitas, de 1833. A análise minuciosa desses inventários, cotejados com outros dados de que eu já dispunha, conduziu-me a vários outros arquivos públicos, museus e cartórios, que me permitiram trazer à

3. Em agosto de 1995, quando eu iniciava a primeira redação do presente texto, soubemos que alguns dos dados por nós levantados nos inventários arquivados no Museu do Ouro de Sabará, dados esses que comprovavam a procedência étnica dos escravos e, portanto, das tradições culturais banto da região do Jatobá e adjacências, estavam sendo citados por alguns pesquisadores que sequer se preocupavam em mencionar a descoberta que fizéramos dessas fontes (e já por nós confidencialmente mencionada) nos primeiros meses de 1994. Sim, sei, as fontes são públicas e dormem nas gavetas dos arquivos e museus. Nosso trabalho (e quiçá nosso mérito) consistiu, fundamentalmente, em refletir sobre as informações, levantar hipóteses e desvelar os poucos indícios que nos apontavam para essas fontes, localizar o órgão patrimonial em que estavam arquivadas, percorrer as gavetas dos arquivos, retirando-as do limbo e do esquecimento. Ao esmorecimento e à perplexidade que se seguiram, prevaleceram, no entanto, o apoio e o conforto dos congadeiros do Jatobá, dos amigos que sabiam da pesquisa e, principalmente, o estímulo de minha mãe, Alzira Germana Martins, que, no momento de maior aflição, lembrou-me um dos cantos de resistência dos congos: "Essa gunga/ É que não bambeia/Ô, que não bambeia."

4. *A Pedra Mágica do Discurso*, p. 115.

luz fontes documentais preciosas, várias delas referidas ao longo deste livro[3].

Esses foram os repertórios orais e escritos que guiaram meus passos.

E, assim, escrevi esta narrativa. Queria eu desenhar uma melopeia que traduzisse na letra escrita (impossível desejo!) o fulgor da performance oral, os matizes de uma linguagem sinestésica que conjugasse as palavras, os gestos, a música e o encantamento imanentes na materialidade sígnica e significante dos cantares e festejos dos congados, uma dicção que não separasse o sujeito e o objeto, o sopro e o estilete, o ritmo e a cor. Mas a escrita se recobre de outros matizes e modulações e, mesmo quando reveste a sinestésica performance da oralidade, desvela-nos outras diferentes possibilidades de fruição e magia, pois, como afirma Eneida Maria de Souza, o ato de leitura do escrito abre-se "a novas interpretações, recortando suas letras e recompondo outro repertório", pressupondo "um sistema de trocas e do pacto com a voz do outro", a partir dos quais "qualquer manifestação literária (ou não) poderá ser repensada"[4].

Imaginei, de início, simular um foco narrativo similar ao gênero testemunho, no qual a voz do narrador/autor confidencia o narrado. Mas são muitos os narradores dessas afrografias e variados os registros e fontes. Optei, pois, por um estilo indireto de narração, atuando eu mesma como uma narradora, bordando a letra do texto oral com os grafites do escrito, intervindo algumas vezes com breves e fugazes reflexões, pontuando o ouvido e o lido, como um corifeu que dialoga, às vezes por interjeições, com o coro e os protagonistas, transitando por seus múltiplos timbres e intervalos.

No Reino do Jatobá, antigos mestres, dentre eles Malaquinhas do Formigueiro, João Lopes, Édson Tomaz dos Santos, Expedito da Luz Ferreira e Matias da Mata, falavam fluentemente mescla de línguas africanas, quimbundo, quicongo e umbundo, ainda hoje faladas e cantadas por alguns membros do reinado.

Privilegiei neste texto o ponto de vista narrativo e o repertório cognitivo do Reinado de Nossa Senhora do Rosário do Jatobá, tentando evitar as generalizações que obliteram as nuances de diferença observáveis entre os diversos festejos de reinado, disseminados em Minas e em outros estados. Entretanto, apesar das roupagens diversificadas, há, sem dúvida, uma confluência no sentido das representações simbólico-rituais, atestada pelo reconhecimento mútuo entre os próprios reinadeiros. Esse reconhecimento é efeito da gnose comum, compartilhada por todos e derivada da reelaboração da fábula sobre o aparecimento da imagem de Nossa Senhora do Rosário, da qual emergem as cerimônias sagradas e os fundamentos rituais.

Contextualizei a história da Irmandade de Nossa Senhora do Rosário do Jatobá, na linhagem constitutiva dos reinados negros, visando ressaltar a extensão dos rizomas que reterritorializam e transcriam as culturas africanas na cartografia da nação brasileira. A matriz africana é lida, assim, como um dos significantes constitutivos da textualidade e de toda a produção cultural brasileira, matriz dialógica e fundacional dos sujeitos que a encenam e que, simultaneamente, são por ela também constituídos. Aos atos de fala e de performance dos congadeiros denominei *oralitura*[5], matizando nesse termo a singular inscrição do registro oral que, como *littera*, "letra", grafa o sujeito no território narratário e enunciativo de uma nação, imprimindo, ainda, no neologismo, seu valor de *litura*, "rasura" da linguagem, alteração significante, constituinte da diferença e da alteridade dos sujeitos, da cultura e das suas representações simbólicas.

A fala dos congadeiros rege as palavras deste texto. Também em Hesíodo as palavras têm "a força de trazer consigo os seres e os âmbitos em que são", pois delas advém o poder que gera e dirige o canto e a dança[6]. E é pela epifania da linguagem e na linguagem que o ser se torna imanente. Se a realidade às vezes se vela, por um processo numinoso de ocultação, é a força da palavra, como *alethéa*, "aparição",

5. Mineke Schipper, no livro *Beyond the Boundaries: African Literature and Literary Theory*, denomina de *orature* a presença de registros e soluções formais próprias da oralidade em textos da literatura africana escrita.

6. J. Torrano, O Mundo Como Função das Musas, em Hesíodo, *Teogonia*, p. 21.

não esquecimento, que propicia o fulgor da revelação e da desvelação, fundador da *arkhé* e do *axé*, do *logos*, enfim. Nesse processo mediado por *Mnemosyne*, a "memória", por *Lesmosyne*, o "esquecimento", o narrar, contado e cantado, é a energia e o sopro que presentificam o sujeito, por força de sua nomeação, mantendo "a coisa nomeada do reino do ser, na luz da presença", já que "o não nomeado pertence ao reino do oblívio e do não ser"[7].

Nos congados, a palavra, como hálito, condensa o legado ancestral, seu poder inaugural, e o movimento prospectivo da transcriação, encenado no ato da transmissão. O evento narrado dramatiza o sujeito num percurso curvilíneo, presença crivada de ausência, memória resvalada de esquecimento, tranças aneladas na própria enunciação do narrado. Assim, na oralitura dos reinados negros, a memória, insinuante, se enviesa nas falas, se esvazia e se preenche de sentido, como um lugar numinoso, pletora de significantes, do qual também indagamos: "Afinal, o que fica das pegadas no chão da memória? Fica o que significa, pode-se pensar. Ou talvez o contrário: o que significa passa a ficar."[8]

Os congadeiros do Jatobá emprestaram-me suas palavras e sua memória e com elas escreveu-se este livro, constituído por muitas falas e timbres e pelas migrações das vozes narrativas. Em reverências às coroas, tambores, bandeiras, bastões, tamboris e ao rosário de contas negras do reinado, saúdo a todos os congadeiros e peço licença para contar um pouco da história dos reinos negros e do Reinado de Nossa Senhora do Rosário do Jatobá, saravando Zâmbi, ser supremo, e Undamba Berê Berê, a mãe do Rosário, rainha da terra e senhora dos mares e do ar:

> É um novo dia
> é um novo dia
> deixa o dia clarear
> peço licença
> com licença
> deixa o meu gunga passar, oiá
>
> CÂNTICO DE MOÇAMBIQUE

---

7. Ibidem, p. 30.
8. L. Castello Branco, *A Traição de Penélope*, p. 11.

A Oralitura da Memória

Queira Deus
queira Deus
ô, povo do mar.
queira Deus
queira Deus
é hora de navegar

CÂNTICO DE CONGO

Envém do mar
envém do mar
povo de Nossa Senhora
envém do mar

CÂNTICO DE MOÇAMBIQUE

Os Africanos Não Navegaram Sós

Zum, zum, zum
lá no meio do mar
zum, zum, zum
lá no meio do mar

é o canto da sereia
que me faz entristecer
parece que ela adivinha
o que vai acontecer.

ajudai-me, rainha do mar
ajudai-me, rainha do mar
que manda no ar
ajudai-me, rainha do mar!

Zum, zum, zum
lá no meio do mar

CÂNTICO DE CONGO E DE MOÇAMBIQUE

Rainha da terra. Rainha do mar. Senhora das águas. Em muitas das versões da fábula que recria o aparecimento da imagem de Nossa Senhora do Rosário, é nas águas que ela surge e é das águas que os pretos do Rosário vão resgatá-la, entronizando-a nos seus candombes, seus tambores sagrados.

Águas. Mares. Travessias. Diásporas.

A história dos negros nas Américas escreve-se numa narrativa de migrações e travessias, nas quais a vivência do sagrado, de modo singular, constitui um índice de resistência cultural e de sobrevivência étnica, política e social.

Os africanos transplantados à força para as Américas, através da diáspora negra, tiveram seu corpo e seu *corpus* desterritorializados. Arrancado de seu *domus* familiar, esse corpo, individual e coletivo, viu-se ocupado pelos emblemas e códigos do europeu, que dele se apossou como senhor, nele grafando seus sistemas linguísticos, filosóficos, religiosos, culturais, sua visão de mundo. Assujeitados pelo perverso e violento sistema escravocrata, tornados estrangeiros, coisificados, os africanos que sobreviveram às desumanas condições da travessia marítima transcontinental foram destituídos de sua humanidade, desvestidos de seus sistemas simbólicos, menosprezados pelos ocidentais e reinvestidos por um olhar alheio, o do europeu. Este olhar, amparado numa visão etnocêntrica e eurocêntrica, desconsiderou a história, as civilizações e culturas africanas, predominantemente orais, menosprezou sua rica oralidade; quis invalidar seus panteões, cosmologias, teogonias; impôs, como verdade absoluta, novos operadores simbólicos, um *modus* alheio e totalizante de pensar, interpretar, organizar-se, uma nova visão de mundo, enfim. Objeto de um discurso que a inventava pelo avesso, a África aparecia no imaginário europeu como o território do primitivo e do selvagem, que se contrapunha às ideias de razão e de civilização, definidoras da pretensa "supremacia" racial e intelectual caucasiana[1]. O continente negro desenhava-se nos textos e nos registros do imaginário europeu como o continente das sombras[2], *tabula rasa* a ser prefaciada, inventariada e ocupada pela inscrição simbólica "civilizada" das nações europeias.

No entanto, a colonização da África, a transmigração de povos escravizados para as Américas, o sistema escravocrata e a divisão do continente africano em guetos europeus não conseguiram apagar no corpo/*corpus* africano e de origem africana os signos culturais, textuais e toda a complexa constituição simbólica fundadores de sua alteridade, de suas culturas, de sua diversidade étnica, linguística, de suas civilizações e história.

No século XIX, um gigantesco embondeiro (ou baobá) erguia-se, ainda majestoso, em Boma, capital do reino do Zaire. Datada de aproximadamente quatro mil anos, a árvore assombrava os viajantes ocidentais que nela grafavam seus nomes e mensagens[3]. Sinédoque e metáfora do *corpus* territorial e cultural africanos, esse baobá testemunha espetacularmente o vigor das fundações e raízes africanas e a permanência de seus textos, mesmo quando atravessados pelo palimpsesto do outro. Na complexidade de sua textualidade oral e na oralitura da memória, os rizomas africanos inseminaram o *corpus* simbólico europeu e engravidaram as terras das Américas. Como o imbondeiro africano, as culturas negras nas Américas constituíram-se como lugares de encruzilhadas, interseções, inscrições e disjunções, fusões e transformações, confluências e desvios, rupturas e relações, divergências, multiplicidade, origens e disseminações.

Como nos relembra Gates, os africanos que cruzaram o mar oceano não viajaram e sofreram sós[4]. Com nossos ancestrais vieram as suas divindades, seus modos singulares e diversos de visão de mundo, sua alteridade linguística, artística, étnica, técnica, religiosa, cultural, suas diferentes formas de organização social e de simbolização do real.

1. Ver V.Y. Mudimbe, *The Invention of Africa.*
2. Ver Patrick Brantlinger, Victorians and Africans: The Genealogy of the Dark Continent, em H.L. Gates Jr. (ed.), *Race, Writing and Difference.*
3. L.B. Canedo, *A Descolonização da Ásia e da África*, p. 4.
4. H.L. Gates Jr., *The Signifying Monkey*, p. 3. (A tradução de todas as citações de Gates é de minha responsabilidade.)

As culturas negras que matizaram os territórios americanos, em sua formulação e *modus* constitutivos, evidenciam o cruzamento das tradições e memórias orais africanas com todos os outros códigos e sistemas simbólicos, escritos e/ou orais, com que se confrontaram. E é pela via dessas encruzilhadas que também se tece a identidade afro-brasileira, num processo vital móvel, identidade que pode ser pensada como um tecido e uma textura, em que as falas e gestos mnemônicos dos arquivos orais africanos, no processo dinâmico de interação com o outro, transformaram-se, e reatualizam-se continuamente, em novos e diferenciados rituais de linguagem e de expressão, coreografando as singularidades e alteridades negras.

Esse processo de cruzamento tem engendrado, ao longo da história, jogos ritualísticos de linguagem e de performance culturais, modulações semióticas que fundam estratégias de veridicção, traduzindo-se numa reengenharia de operação sígnica plural e plurivalente, instituidora e restauradora de sua significância[5].

A cultura negra é uma cultura das encruzilhadas.

Nas elaborações discursivas e filosóficas africanas e nos registros culturais delas também derivados, a noção de encruzilhada é um ponto nodal que encontra no sistema filosófico-religioso de origem iorubá uma complexa formulação. Lugar de interseções, ali reina o senhor das encruzilhadas, portas e fronteiras, Èsù Elegbára, princípio dinâmico que medeia todos os atos de criação e interpretação do conhecimento. Como mediador, Èsù é o canal de comunicação que interpreta a vontade dos deuses e que a eles leva os desejos humanos. Nas narrativas mitológicas, mais do que uma simples personagem, Èsù figura como veículo instaurador da própria narração. Juana Elbein dos Santos destaca as funções comunicativa e mobilizadora de Èsù como princípios dinâmicos do saber filosófico nagô, no Brasil:

> De fato, *Èsù* não só está relacionado com os ancestrais femininos e masculinos e com suas representações coletivas, mas ele também é um elemento constitutivo, na realidade o *elemento dinâmico*, não só de todos os seres sobrenaturais, como também de tudo o que existe.

5. Ver L.M. Martins, *A Cena em Sombras*.

Nesse sentido, como *Olórun*, a entidade suprema, protomatéria do universo, Èsù não pode ser isolado ou classificado em nenhuma categoria. É um princípio e, como o àse que ele representa e transporta, participa forçosamente de tudo. Princípio dinâmico e de expansão de tudo o que existe, sem ele todos os elementos do sistema e seu devir ficariam imobilizados, a vida não se desenvolveria. [...] Assim como *Olórun* representa o princípio da existência genérica, Èsù é o princípio da existência diferenciada em consequência de sua função de elemento dinâmico que o leva a propulsionar, a desenvolver, a mobilizar, a crescer, a transformar, a comunicar.[6]

Como propiciador de todo processo de semiose, e, portanto, de produção e comunicação de sentido, Èsù Òjísè é também conhecido como "intérprete e linguista do sistema"[7], aquele que porta o àse, o *logos*, segundo Gates[8], com o qual Olodumaré criou o universo. Seus vários nomes traduzem sua multiplicidade em espiral e sua natureza de princípio motriz. Juana Elbein aponta-nos a variada figuração de Èsù e os seus princípios significantes: Èsù Elegbára, "princípio dinâmico e símbolo complexo que participa de tudo que existe" (p. 134); Èsù-Yangi, "primeira matéria dotada de forma detentora de existência individual" (p. 134); Èsù-Oba, "pai-ancestre mas ao mesmo tempo primeiro nascido" (p. 135); Igbá-Keta, "terceira pessoa, o terceiro elemento" (p. 135); Èsù-Elebo, Senhor das Oferendas, "o proprietário, o que controla, o que regula o *ebo*, a oferenda ritual" (p. 161); Èsù Yangi Òjisè-ebo, símbolo de desprendimento da matéria genitora, de restauração e restituição, por meio da qual a energia do axé é deslocada e transferida "a um outro objeto ou a um outro ser com o qual o ofertante se identifica" (p. 163); Èsù Òjisè, o mensageiro, no sentido mais amplo do termo, o elemento de comunicação; Agbá, "representação coletiva de todos os Èsù individuais" (p. 165); Èsù--Òna, Senhor dos caminhos, que "pode abrir ou fechá-los segundo o contexto e as circunstâncias" (p. 169). Sendo "o resultado da interação de um par, água + terra, *Orúnmilà* + *Yébìírú* [...]

6. *Os Nagô e a Morte*, p. 130-131. (Grifos da autora.)
7. Ibidem, p. 165.
8. H.L. Gates Jr., *The Signifying Monkey*, p. 8.

é o portador mítico do sêmen e do útero ancestral e, como princípio de vida individualizada, ele sintetiza os dois" (p. 163). Essas designações, que não esgotam todas as qualidades de Èsù, traduzem sua função nodal como signo do múltiplo e do singular no sistema religioso de ascendência iorubá, disseminado nas Américas.

Henry Louis Gates assinala, ainda, que, na sintaxe do sistema de interpretação sígnica iorubá, regido pela divindade Ifá, Èsù funciona como o princípio do qual emergem as possibilidades de criação e tradução dos saberes. Na estrutura retórica do processo interpretativo de Ifá, Èsù "conecta a verdade e o entendimento, o sagrado e o profano, o texto e sua interpretação, a palavra (como uma forma do verbo ser) que liga o sujeito e o seu predicado, ligando a sintaxe da adivinhação às suas estruturas retóricas"9.

Nessa concepção religiosa e filosófica da gênese e da produção espiralada do conhecimento, a encruzilhada é um princípio de construção retórica e metafísica, um operador semântico pulsionado de significância, ostensivamente disseminado nas manifestações culturais e religiosas brasileiras de predominância nagô e naquelas matizadas pelos saberes banto10. O termo *encruzilhada*, utilizado como operador conceitual, oferece-nos a possibilidade de interpretação dos trânsitos sistêmico e epistêmico que emergem dos processos inter e transculturais, nos quais se confrontam e dialogam, nem sempre amistosamente, registro, concepções e sistemas simbólicos diferenciados e diversos.

A encruzilhada, *locus* tangencial, é aqui assinalada como instância simbólica e metonímica, da qual se processam vias diversas de elaborações discursivas, motivadas pelos próprios discursos que a coabitam. Da esfera do rito e, portanto, da performance, é lugar radial de centramento e descentramento, interseções e desvios, texto e traduções, confluências e alterações, influências e divergências, fusões e rupturas, multiplicidade e convergência, unidade e pluralidade, origem e disseminação. Operadora de linguagens

9. Ibidem, p. 6.

10. Ao mapear, linguística e etnicamente, a extensão das línguas banto, Yeda Pessoa de Castro afirma: "O domínio banto compreende diversas línguas faladas em toda a África subequatorial, em territórios que vão da linha do equador até a África do Sul, entre eles os do Gabão, Zaire, Camarões, Angola, Uganda, Quênia, Zâmbia, Zimbabwe, Moçambique etc. [...] O termo *banto*, plural de *muntu*, 'homem', significa 'povo'/ O termo *banto*, plural de 'muntu', *homem*, significa *povo* e foi inicialmente usado por Bleek, em 1870 [...]." O quicongo, falado pelos bacongo, o quimbundo, falado pelos ambundo, e o umbundo, pelos ovimbundo, são línguas que fazem parte do território banto. Segundo ainda a autora, outro domínio linguístico se constituiria pelos grupos iorubá e ewê. "O primeiro é constituído por vários dialetos falados em territórios do sudoeste nigeriano e pelo anagô (anagot), esse último corrente no Benin oriental, mais precisamente no antigo reino de Queto [...]." Y.P. de Castro, A Presença Cultural Negro-Africana no Brasil, *Ensaios/Pesquisas*, n. 10, p. 1-2.

e de discursos, a encruzilhada, como um lugar terceiro, é geratriz de produção sígnica diversificada e, portanto, de sentidos. Nessa via de elaboração, as noções de sujeito híbrido, mestiço e liminar, articuladas pela crítica pós-colonial, podem ser pensadas como indicativas dos efeitos de processos e cruzamentos discursivos diversos, intertextuais e interculturais. Esses modos de constituição e reconstituição simbólicos advêm da encruzilhada, o operador sígnico que possibilita sua emergência, contemplando-os com os desdobramentos possíveis, mas que neles não se esgota[11]. Nessa concepção de encruzilhada discursiva destaca-se, ainda, sua natureza móvel e deslizante, no movimento da cultura e dos saberes ali instituídos. Ralph Elisson traduz esse traçado espiralar quando afirma: "Cada momento verdadeiro de jazz [...] irrompe de um contexto no qual cada artista desafia todos os outros e em que cada movimento-solo, ou improvisação, representa (como as sucessivas pinceladas de um pintor) uma definição de sua identidade: como indivíduo, como membro da coletividade e como um elo na corrente da tradição."[12]

Nesse movimento, a própria noção de centro se dissemina, na medida em que se desloca, ou melhor, é deslocada pela improvisação rítmica e melódica. Diz Elisson: "porque o jazz encontra seu ponto vital numa infindável improvisação sobre materiais tradicionais, o jazzista deve perder sua identidade, mesmo quando a encontra"[13]. Assim como o jazzista, metonímia das culturas negras nas Américas, retece os ritmos milenares, transcriando-os dialeticamente numa relação dinâmica e prospectiva, essa cultura, em seus variados modos de asserção, funda-se dialogicamente, em relação aos arquivos das tradições africanas, europeias e indígenas, nos jogos de linguagem, intertextuais e interculturais, que performa.

Esse dialogismo tem sido designado, geralmente, por *sincretismo*, termo que traduz com frequência certa fusão de códigos distintos, em manifestações religiosas e/ou seculares, reduzindo, a meu ver, as possibilidades de apreensão de outros processos constitutivos derivados dos cruzamentos simbólicos. Sérgio Ferreti enumera vários sentidos e usos do termo *sincretismo*, dentre eles os que remetem a *junção*,

11. Sobre as concepções de hibridismo, mestiçagem e liminaridade, ver: H.K. Bhabha (ed.), *Nation and Narration*; M. Serres, *Filosofia Mestiça*; B. Ashcroft; G. Griffiths; H. Tiffin, *The Empire Writes Back*; E.L. de L. Reis, *Um Escritor Africano No Espaço Cultural Liminar: A Literatura de Wole Soyinka*.

12. *Shadow and Acts*, p. 229. (A tradução de citações desse livro de Elisson é de minha responsabilidade.)

13. Ibidem.

fusão, mistura, paralelismo, justaposição, convergência e *adaptação*, englobando-os em grupos semânticos:

> Dezenas de palavras podem portanto ser usadas como exemplos ou como esclarecedoras de sentidos ou de significados do sincretismo. Embora não haja sinônimos perfeitos, podemos agrupá-los, destacando os principais, englobando outros a ele relacionados. Temos assim três variantes que abrangem alguns dos significados principais do conceito de sincretismo, que necessitam evidentemente ser especificados. Partindo de um caso zero e hipotético de não sincretismo, teremos então:
>
> 0 – separação, não sincretismo (hipotético),
> 1 – mistura, junção, ou fusão.
> 2 – paralelismo ou justaposição.
> 3 – convergência ou adaptação.
>
> Podemos dizer que existe convergência entre ideias africanas e de outras religiões, sobre a concepção de Deus ou sobre o conceito de reencarnação; que existe paralelismo nas relações entre orixás e santos católicos; que existe mistura na observação de certos rituais pelo povo-de-santo, como o batismo e a missa de sétimo dia, e que existe separação em rituais específicos de terreiros, como no tambor de choro ou axexê, no arrambam ou no lorogum, que são diferentes dos rituais das outras religiões.[14]

Podemos depreender, assim, que o termo *sincretismo* tem sido utilizado como um termo guarda-chuva, abrigando concepções às vezes díspares. Sem desejar alçar-me a especialista em tão complexa questão, mas reconhecendo, entretanto, as inúmeras diferenças de efetivação dos variados processos sígnicos e cognitivos derivados dos cruzamentos das culturas e dos saberes, opto por empregar o termo *sincretismo* somente como um efeito de fusão e aglutinação de diversos registros simbólicos, distintos em sua origem mas aglutinados em

14. *Repensando o Sincretismo,*
    p. 90-91.

um novo código e em uma nova sintaxe significantes. A umbanda é exemplar desse registro sincrético, fundindo, no seu tecido cognitivo e ritual, elementos de outros sistemas religiosos nagô, banto, católico, tupi-guarani, kardecista, espírita, numa reformatação *sui generis*.

Assim concebido, o sincretismo não se confundiria com outros sítios de significância e processos constitutivos, derivados das encruzilhadas dos saberes e engendrados por relações de aproximação e distanciamento diferenciadas. Dentre as várias possibilidades de apreensão e designação desses efeitos de cruzamentos, que não se instalam pela via do sincretismo, vislumbramos dois outros: um *processo de analogia*, de ressonâncias metafóricas periféricas, e um *processo de deslocamento*, similar à contiguidade. Nenhum desses processos realiza-se pela exclusividade, mas, sim, por sua predominância.

O processo analógico realiza-se pela convivência parelha de códigos e sistemas em si diversos que convivem simultaneamente em um registro terceiro, mascarando-se de forma mútua, sem que haja, no processo, o ofuscamento total de sua individualidade originária. Aqui os sistemas encostam-se por meio de um espelhamento que produz imagens duais, de dupla face, sendo sempre possível vislumbrar no novo sítio de significância não apenas uma imagem através da outra, mas ambas simultaneamente. No candomblé, por exemplo, permanece visível a justaposição de dois panteões e de dois códigos religiosos distintos, o nagô (africano-iorubá) e o católico (cristão-ocidental). Ali, a justaposição sígnica, articulada por uma analogia periférica, engendra um jogo ritualístico estratégico de dupla significância: ao lado do nome cristão e dos ícones católicos (como, por exemplo, Nossa Senhora da Conceição, São Jorge, São Sebastião, São Lázaro, Jesus Cristo), as divindades iorubá (Iemanjá, Ogum, Oxóssi, Omulu, Oxalá) mantêm seus nomes próprios, seus atributos sagrados e seus fundamentos conceituais originários. Muniz Sodré enfatiza esse jogo duplo significante de formação e fundação dos rituais religiosos afro-brasileiros ao afirmar que, desde a época da escravidão, nos espaços considerados "inofensivos" pelo sistema escravocrata, "os negros reviviam clandestinamente os [seus] ritos, cultuavam os deuses e retomavam a linha do relacionamento comunitário", numa estratégia "de jogar com as ambiguidades do sistema, de agir nos interstícios da coerência ideológica"[15]. Assim, nos territórios do sagrado inscritos no candomblé, África e Europa encostam-se, friccionam-se e atravessam-se, mas não, necessariamente, fundem-se ou perdem-se uma na outra.

No processo de contiguidade não se vislumbraria, como predominantes, a operação de analogia totêmica (do candomblé) nem a de fusão sistêmica (a aglutinação umbandista), mas sim um deslocamento sígnico que possibilitaria traduzir, no caso religioso, a devoção de determinados santos católicos por meio de uma gnose ritual acentuadamente africana em sua concepção, estruturação simbólicas e na própria visão de mundo que nos apresenta. Nesse processo, estariam incluídas as cerimônias do Reinado de Nossa Senhora do Rosário, genericamente conhecidas como congados, nas quais santos católicos são festejados africanamente.

Ainda que sejam tomados um pelo outro, os termos *congado* e *reinado* mantêm diferenças. Ternos ou guardas de congo[16] podem existir individualmente, ligados a santos de devoção em comunidades onde não exista o reinado. Os reinados, entretanto, são definidos por uma estrutura simbólica complexa e por ritos que incluem não apenas a presença das guardas, mas a instauração de um império, cuja concepção inclui variados elementos, atos litúrgicos e cerimoniais e narrativas, que, na performance mitopoética, reinterpretam as travessias dos negros da África às Américas.

Rainha Coroada, Coroa do Rei

Palácio do rei
de longe avistei
palácio do rei
de longe avistei
rainha coroada
coroa do rei

CÂNTICO DE CONGO

15. M. Sodré, *A Verdade Seduzida*, p. 124.

16. No léxico próprio dos congadeiros, os termos *guarda* e *terno* designam um grupo específico de dançantes ou "marinheiros", com suas vestes, funções e características próprias. Há, assim, guardas de congo, moçambique, catopés etc.

Senhora rainha
chega na janela
venha ver sua guarda
eu cheguei com ela

CÂNTICO DE CONGO

Na estrutura ritual das cerimônias de reinado, a rainha e o rei congos representam as nações negras africanas, hierarquicamente presidindo, na ordem do sagrado, os ritos e as celebrações ali performados. D. Leonor Galdino, rainha conga da Irmandade de Nossa Senhora do Rosário do Jatobá, assim define a simbologia desse poder: "A coroa representa poder, majestade, autoridade. Com a coroa na cabeça eu sou a autoridade máxima."[17]

Os registros da coroação de reis congos no Brasil, desde os seus primórdios, vinculam esses eventos à devoção de santos católicos, venerados por irmandades ou confrarias religiosas negras. Fontes documentais diversas atestam esse elo, já em fins do século XVII:

> A coroação de reis do Congo tem registro muito antigo no Brasil, com ocorrência de 1674, em Recife. Esse evento – permitindo simbolicamente que os negros tivessem seus reis – foi um recurso utilizado pelo poder do Estado e da Igreja para controle dos escravos. Era uma forma de manutenção aparente de uma organização social dos negros, uma sobrevivência que se transformou em fundamentação mítica. Na ausência de sua sociedade original, onde os reis tinham a função real de liderança, os negros passaram a ver nos "reis do Congo" elementos intermediários para o trato com o sagrado.[18]

Élsie Girardelli, consultando a obra de Nina Rodrigues, destaca dados relativos a Pernambuco "que se referem aos congos já em 1706". Segundo as fontes, observa-se ali "a existência do Rei do Congo, de forma instituída e aprovada socialmente, com papéis definidos, inclusive com poderes

17. D. Leonor Galdino, entrevista realizada em 27 de agosto de 1992. Ver também: Arthur Omar, *A Coroação de uma Rainha*, vídeo produzido para o Channel 4, Inglaterra, 1993.
18. N.P. Gomes; E. de A. Pereira, *Negras Raízes Mineiras*, p. 182.

e controle social sobre seus compatriotas (negros escravos). Encontram-se ainda referências à festa de Nossa Senhora do Rosário, com participação ativa do Rei do Congo"[19].

Moraes relata, com detalhes, uma cerimônia de coroação de reis negros em 1748, na capela de Nossa Senhora da Lampadosa, no Rio de Janeiro, situada numa localidade denominada Rosário. A petição para coroamento dos reis data de 3 de dezembro de 1748, emitida pela Irmandade do Santo Rei Baltasar. Movimentando a região e seus arredores, os festejos ornamentavam de cores e sons as pequenas vilas:

> E pelas ruas, pela cidade, internando-se nas fazendas do Engenho Velho, do Engenho Novo, do Macaco, de Santa Cruz, nos limites da autorização concedida, levas de pretos, dançando e cantando, rufavam caixas de guerra, tangiam instrumentos músicos de seus climas natalícios, recebendo esmolas profusas, dádivas valiosas, que entravam para o cofre da Irmandade por conta da qual corria a despesa da festa.[20]

A descrição dos adereços e dos movimentos corporais remetem-nos à coreografia e às vestimentas dos ternos de congos atuais: "E os foliões africanos, de calça e suspensórios, de fachas azuis a tiracolo, com a cabeça adornada de penas e o peito listrado de tiras vistosas, tamborilavam em seus tamborins de dança, faziam evoluções com a perna para o ar, cantavam suas cantigas bárbaras, que repercutiam avolumadas ou esvaecidas, na proporção das distâncias."[21]

Os instrumentos de percussão abriam o cortejo dos reis negros, orquestrados pelo "rolar surdo das caixas de guerra, o som de rapa das macumbas [tambores menores] em grande número, a queda sonoramente uniforme dos chocalhos", aglutinando negros oriundos de diferentes nações e etnias que em seus cantos, gestos, danças e falares inscreviam a África no solo brasileiro: "Mocambique, Cabundás, Benguelas, Rebolos, Congos, Cassagens, Minas, a pluralidade finalmente dos representantes de nações d'África, escravos no Brasil, exibiam-se autênticos, cada qual com seu característico diferencial, seu tipo próprio, sua estética privativa."[22]

19. E. da C. Girardelli, *Ternos de Congo*, p. 99-100.
20. M. Moraes Filho, *Festas e Tradições Populares do Brasil*, p. 225-226.
21. Ibidem, p. 226.
22. Ibidem.

Os cortejos de reinado no amanhecer do século XXI mantêm a mesma disposição básica do século XVIII, atestando a permanência de um *continuum* paradigmático nos elos da tradição e das afrografias dos congados: "Atrás da música caminhavam majestosamente o *Neuvangue* (rei), a *Nembanda* (rainha), os *Manafundos* (príncipes), o *Endoque* (feiticeiro), os *Uantuafunos* (escravos), vassalos e vassalas do rei), luzido e vigoroso grupo daquelas festas tradicionais e genuinamente africanas, celebradas no Rio de Janeiro do século passado."[23]

Câmara Cascudo acentua o alastramento territorial dos festejos de congos ou congados do século XIX e seu adentramento do século XX, assinalando que "Henri Foster assistiu ao coroamento de um desses soberanos na Ilha de Itamaracá, em 1811, como Martius no Tijuco (Diamantina) em 1818, pela coroação de d. João VI"[24]. Cascudo destaca ainda a permanência do vínculo entre a coroação de reis negros e os poderes instituídos, da colônia e da Igreja Católica, e a formação de uma certa "nacionalidade" generalizante que condensava nos ritos a diversidade étnica das pessoas em situação de escravidão:

> Há em todo nordeste, e no meio-norte, Alagoas, Sergipe, Bahia, São Paulo, Minas Gerais, Mato Grosso, Goiás, com modificações locais, no sentido da música, dos bailados e do próprio enredo. Há, com ampla documentação, dois grandes motivos sociais para essas danças que são, pela extensão e articulamento cênico, autos: a) – coroamento dos Reis de congo, honorários, cerimônia nas igrejas, cortejo, visitas protocolares às pessoas importantes, b) – sincretismo de danças guerreiras africanas, reminiscências históricas, mais vivas nas regiões de onde os escravos bantus foram arrancados, Congo, Angola, fundidas, num só ato recordador, tornado possivelmente "nacional" mesmo para a escravaria de outras raças e nações.[25]

Cascudo assinala, no século XIX, o desenvolvimento de um enredo particular performado pelos congados, os autos e as embaixadas, que tinham por tema celebrar a memória e os feitos

23. Ibidem.
24. L. da C. Cascudo, *Literatura Oral no Brasil*, p. 418.
25. Ibidem, p. 417.

da guerreira rainha negra angolana Njinga Nbandi, personagem histórica que, no século XVII, "resistiu ao domínio português" por mais de cinquenta anos[26].

Os pesquisadores que têm se debruçado sobre os arquivos e repertórios da memória oral sublinham a territorialização dos ternos de congos em grande parte do Brasil. O cotejamento dessas fontes atesta que, apesar de nos defrontarmos com algumas variações, a estrutura ritual e a fundamentação mítico/mística mantêm nessas manifestações um arcabouço e uma fabulação similares que prefiguram um certo *continuum* arquetípico que funda a sua textura discursiva e mítico-dramática. Em sua coreografia ritual, na cosmovisão que traduzem e em toda sua tessitura simbólica, os festejos e cerimônias dos reinados, em toda sua variedade e diversidade, são microssistemas que vazam, fissuram, reorganizam, à maneira da oralidade africana, o tecido cultural e simbólico brasileiro, mantendo ativas as possibilidades de outras formas de veridicção e percepção do real que dialogam, nem sempre amistosamente, com as formas e modelos de pensamento privilegiados pelo Ocidente.

No Espírito Santo, Goiás, Minas Gerais, Paraíba, Rio de Janeiro, Rio Grande do Sul, São Paulo, Sergipe, a gunga[27] canta, a gunga chora, a gunga sarava, celebrando Zâmbi[28], festejando a Senhora das Águas, os santos dos pretos, o Rosário de ingoma, fabulando, texturizando, dançando a história dos negros que vieram d'além mar.

Em Minas, os festejos de reinado constituem e fundam uma das mais ricas e dinâmicas matrizes textuais da memória banto, que se inscreve e se firma pela reatualização do rito nos grotões mais interiores, nos sertões mais gerais, assim como nas vias urbanas das grandes cidades. Diogo de Vasconcelos descreve como "verdadeiramente poética" a narrativa sobre Chico Rei, africano que, no século XVIII, instituiu um dos primeiros (senão o primeiro) reinos negros nas Gerais, em Vila Rica:

Francisco foi aprisionado com toda a sua tribo e vendido com ela, incluindo sua mulher, filhos e súditos. A mulher e todos os filhos morreram no mar, menos um. Vieram os

26. Ibidem, p. 418-420.
27. *Gunga*, no léxico dos congados, significa tanto as guardas e o congado, no seu todo, como os guizos que os dançantes da guarda de moçambique usam nos tornozelos.
28. Zâmbi, deus supremo no panteão banto.

restantes para minas de Ouro Preto. Resignado à sorte, tida por costume n'África, homem inteligente, trabalhou e forrou o filho; ambos trabalharam e forraram um compatrício; os três, um quarto, e assim por diante até que, liberta a tribo, passaram a forrar outros vizinhos da mesma nação. Formaram assim em Vila Rica um Estado no Estado. Francisco era o Rei, seu filho príncipe, a nora a princesa, e uma segunda mulher a rainha. Possuía o Rei para a sua coletividade a mina riquíssima da encardideira ou Palácio Velho.[29]

O local da antiga e lendária mina de Chico Rei é hoje sítio histórico e de visitação turística na cidade de Ouro Preto. No passado recente, em Sete Lagoas, próximo a Belo Horizonte, o sr. João Manoel de Deus, seu Janjão, uma das majestades do reinado do lugar, personificava o ancestre soberano Chico Rei, afirmando-se seu descendente direto.

No sábado de Aleluia, quando em geral os Rosários são abertos, até fins de outubro, quando então os reinos se recolhem e se fecham, os tambores cantam em Minas e guiam pelas ruelas e pelos asfaltos, pelas capelas e igrejas do Rosário, pelos quintais, as nações do congado, que, com seus reis e rainhas, seus capitães e marinheiros, rematizam a África em terras d'Américas. Como estiletes autografando as abissais desfronteiras e deslimites simbólico-geográficos dessas serras gerais, congos, moçambiques, marujos, catupés, candombes, vilões, caboclos, na sua variedade rítmica, cromática e coreográfica, performam cânticos, gestos, ritmos e falas, como aedos e griôs que imbricam a história e a memória, posfaciando o discurso cultural brasileiro com os prefácios africanos[30].

Esses festejos reatualizam todo um saber filosófico banto, para quem a força vital se recria no movimento que mantém ligados o presente e o passado, o descendente e seus antepassados, num gesto sagrado que funda a própria existência da comunidade, assim explicitada por Vincent Mulago: "Para o banto, a vida é a existência da comunidade; é a

29. D. Vasconcelos, *História Antiga de Minas Gerais*, p. 162-163.

30. Sobre as variedades e variantes dos ternos de congos no Brasil, ver N.P. Gomes; E. de A. Pereira, op. cit., p. 260-261 e M. de L.B. Ribeiro, *Moçambique*, p. 61-65.

participação na vida sagrada (e toda vida é sagrada) dos ancestrais; é uma extensão da vida dos antepassados e uma preparação de sua própria vida para que ela se perpetue nos seus descendentes."[31]

Essa herança ancestral e dos ancestrais ressoa nas expressões da arte negra, em geral, e nas dos congados, em particular, tendo na assimetria um dos seus signos agenciadores. Essa concepção assimétrica diz, em muito, de um certo pulsar do sujeito em movimento constante, assegurando que a relação com as origens é sempre retrospectiva e prospectiva, pois, como no jazz, funda o sujeito em movimento. Essa assimetria, segundo Nei Lopes, "mostra que nada do que existe no mundo pode ser fixo ou estático. Cada objeto, mesmo inerte, é animado por um movimento cósmico que se exerce segundo um ritmo que o artista negro procura exprimir"[32].

Essa energia cósmica esculpe um saber que se expressa na fala, na dança, no vestuário e em objetos sagrados, como bastões, caixas, tambores e adornos, cumprindo uma função ritual que não cinde as linguagens das cores, dos sons e dos gestos, mas sim, sinestesicamente, as conjuga na elaboração de uma fala plural que reveste o tempo presente com os adereços simbólicos ancestrais, carregando "dentro de si uma tradição de ancestralidade, que a cria e a diviniza"[33].

Os congados expressam muito o saber banto, que concebe o indivíduo como expressão de um cruzamento triádico: os ancestrais fundadores, as divindades e "outras existências sensíveis", o grupo social e a série cultural[34]. Essa concepção filosófica erige o sujeito como signo e efeito de princípios que não separam a história e a memória, o secular e o sagrado, o corpo e a palavra, o som e o gesto, a história individual e a memória coletiva ancestral, o divino e o humano, a arte e o cotidiano; concepção esta presente na cosmovisão dos capitães e reis, como um dos substratos das culturas banto que ali se orquestram. Assim, como afirma Nei Lopes: "ao contrário do que preconiza a etnologia tradicional, os bantos também foram agentes civilizatórios, também têm sua filosofia, e – sempre sob a égide dos ancestrais divinizados [...] honram e prestigiam a arte e o saber de seus escultores, seus músicos, seus contadores de histórias, seus dançarinos, seus sacerdotes e seus chefes"[35].

31. Apud N. Lopes, *Bantos, Malês e Identidade Negra*, p. 126.

32. N. Lopes, op. cit., p. 130.

33. Theophile Obenga parafraseado por N. Lopes, op. cit., p. 131.

34. B.M. Fagan apud N. Lopes, op. cit., p. 125-126.

35. N. Lopes, op. cit., p. 134.

A coroação de reis negros, incorporada pelo sistema escravocrata, como modo de controle dos africanos e de seus descendentes, é apropriada pelo próprio negro que, por meio dela, reterritorializa formas ancestrais de organização social e ritual. Os festejos do Rosário, performados sob o estandarte de santos católicos da devoção negra, Nossa Senhora do Rosário, São Benedito, Santa Efigênia, São Baltasar, Nossa Senhora das Mercês, alastraram-se pelos territórios brasileiros, já imprimidos de conotações e resoluções que rompem a ordem escravocrata e os códigos ocidentais, transformando o aparato institucional em um dos modos operadores e agenciadores de inscrição de outros processos simbólicos na formação da cultura brasileira: "tanto assim, que abolida em meados do século XIX a estratégia escravista de eleição do 'Rei do congo', as celebrações que a cercavam, e que eram da iniciativa dos próprios negros, permaneceram, transformando-se em autos ou danças dramáticas".[36]

Esse processo de transgressão da ordem escravista, sua transformação em modos de agregação comunitária e em novas expressões artísticas e culturais, é sublinhado por Stuckey Sterling, ao analisar a coroação de reis negros nos Estados Unidos no século XVIII, o que nos revela algumas similaridades com os processos no Brasil e em Cuba, por exemplo[37]. Burlando o propósito regulador escravista, o rei negro coroado nos festivais Pinksters funcionava como agente aglutinador das pessoas escravizadas, oriundas de diferentes nações e etnias africanas, muitas das quais inimigas milenares. Os ritos realizados sob a regência desses reis reterritorializavam os repertórios culturais africanos, criando novas formas de expressão e singulares idiomas artísticos; instituíam uma ordem hierárquica paralela à escravista; apropriavam-se de um espaço lúdico, considerado menos "nocivo" pelos "senhores", fomentando estratégias simbólicas que, sob o ritmo dos tambores, reforçavam as tradições culturais e sua manifestação: "Sabia-se que o Rei Pinkster viajava de um sítio a outro num único dia, numa jornada na qual podia ser acompanhado, com facilidade [...] por outros escravos de Albany. [...] Pinkster era para eles [os escravizados] o feriado favorito, pois permitia certo grau de 'liberdade', que outros feriados não davam."[38]

36. Ibidem, p. 150.
37. Ver S. Sterling, *Going Through the Storm*. (A tradução das citações de Sterling é de minha responsabilidade.)
38. Ibidem, p. 58-59.

Segundo Sterling, a música e a dança formavam o epicentro das festividades, sendo o rei responsável direto pelas ressonâncias melódicas e pelas coreografias que presidia, tocando ele mesmo um grande tambor. A dança realizada era uma variante das danças originárias do congo, reproduzindo "uma forma que, como outras provenientes da África, tinha em comum movimentos circulares", expressando significados sagrados, desconhecidos pelos escravocratas e restituídos pelo rei. Essa conjunção expressiva da música e da dança como força vital das cerimônias constituiu-se em processo e "meio de realização de uma certa unidade entre os escravos, independentemente de sua origem étnica"[39]. O som dos tambores funcionava, também, como elemento significante que restituía a lembrança, a memória e a história do sujeito africano, forçadamente exilado de sua pátria: "O uso de um objeto material tão importante [o tambor] como propulsor da dança na presença de seu 'rei' era, para muitos africanos, e não apenas para os que haviam nascido em África, uma lembrança de seu irrecuperável passado e uma fonte de dor, apesar da atmosfera festiva do feriado."[40]

E foram essas lembranças do passado, esse choro d'ingoma, essa memória fraturada pela desterritorialização do corpo/*corpus* africano, esses arquivos culturais que fomentaram as novas formas rítmicas, melódicas e dançarinas do negro nas longínquas Américas, afrografada, afromatizada pelos gestos da oralitura africana.

Os rituais de coroação de reis negros no Brasil e seus desdobramentos rompem as cadeias simbólicas instituídas pelo sistema escravista secular e religioso, reterritorializando a cosmovisão e os sistemas simbólico-rituais africanos, cruzando-os com os elementos das tradições europeias, neles posteriormente acoplados, tais como as reminiscências das cavalhadas e das embaixadas medievais de Carlos Magno, traços que renomados pesquisadores como Maynard e Marlyse Meyer identificam nos cortejos do rei congo e da rainha ginga[41]. Essas infusões de elementos de origem europeia nas cenas dos festejos e nas narrativas das embaixadas dos congos, movimentando o processo de cruzamento discursivo e semiótico que neles se estabelece, não oblitera, como afirma Nei Lopes, "a estrutura africana desses folguedos", que é "anterior à sua transformação em

39. Ibidem, p. 59-60.
40. Ibidem, p. 68.
41. Ver M. Meyer, *Caminhos do Imaginário no Brasil.*

autos, tendo os catequistas apenas inserido neles esses textos evocativos da Idade Média europeia"[42].

Ecoando o pensamento de Oneyda Alvarenga, Nei Lopes afirma que "essas festas de coroação, com música e dança, seriam não só uma recriação das celebrações que marcavam a eleição dos reis na África, como uma sobrevivência do costume dos reis bantos de, com séquito aparatoso, fazerem suas incursões e 'embaixadas' entoando cânticos e executando danças festivas"[43].

Fundamentam essas assertivas os relatos de embaixadas de reis africanos, como a ocorrida em 1575, assim reconstituída por Ralph Delgado: "Trouxeram, então, o embaixador, com a sua companhia. Reverendo e apessoado [...], rodeado de uma barulheira infernal, em que sobressaíam os instrumentos da terra (cabaça com seixas, buzina de dente de elefante, uma engoma, espécie de Alcântara, uma gunga, com dois chocalhos juntos, uma viola, parecida com uma esparrela, e uma campainha com dobre fúnebre [...]."[44]

Em muitas formas de expressão artísticas e rituais afro-brasileiras, os repertórios textuais e simbólicos africanos são seu principal impulso constitutivo e gerenciador. Essa reinvenção da memória plissa os códices europeus, ritmando as ressonâncias africanas em formas singulares de arte e expressão:

> E assim como grande parte das manifestações de arte afro-brasileira conserva a lembrança das passadas grandezas dos antigos reinos bantos e seus soberanos, várias outras constituem-se de bailados guerreiros, reminiscências que certamente são dos muitos combates travados pelo bantos da África e no Brasil, como é o caso de Moçambique e dos Quilombos. E outras, ainda, refletem a disposição atlética do banto, autotransformadas que foram, em terra brasileira, de danças acrobáticas em artes marciais como é o caso do Maculelê e da chamada "Capoeira de Angola".[45]

À reterritorialização e à restituição de formas expressivas da tradição africana alia-se a reinterpretação, pelo

42. N. Lopes, op. cit., p. 152-153
43. Ibidem, p. 151.
44. Apud N. Lopes, op. cit., p. 151.
45. N. Lopes, op. cit., p. 155-156.

negro, dos ícones religiosos cristãos, investidos de novas conotações semânticas. Nessa via de leitura, a devoção aos santos reveste-se de instigantes significados, pois as divindades cristãs tornam-se transmissores da religiosidade africana, barrada pelo sistema escravocrata e pela interdição aos deuses africanos. Assim, "a particularidade na interpretação do mundo é que tornou o negro – por semelhanças e diferenças – um participante da comunidade dos homens. Sua herança mítica se imbricou na teia da hagiologia católica modificando-a e modificando-se simultaneamente"[46]. Essa estratégia de reversibilidade é acentuada por Muniz Sodré como um dos modos constitutivos do *código das aparências* que, segundo ele, funda a cultura negra:

> Aparência não implicará aqui, entretanto, em facilidade ou na simples aparência que uma coisa dá. O termo valerá como indicação da possibilidade de uma outra perspectiva de cultura, de uma recusa do valor universalista de verdade que o Ocidente atribui a seu próprio modo de relacionamento com o real, a seus regimes de veridicção. [...] As aparências não se referem, portanto, a um espaço voltado para a expansão, para a continuidade acumulativa, para a linearidade irreversível, mas à hipótese de um espaço curvo, que comporte operações de reversibilidade, isto é, de retorno simbólico, de reciprocidade na troca, de possibilidade de resposta.[47]

A natureza dessa cultura agenciaria as estratégias simbólicas, os jogos ritualísticos de linguagem, operacionalizando a reposição dos signos e sentidos africanos nas redes discursivas brasileiras, num movimento de reversibilidade e heterogeneidade:

> A reposição cultural negra manteve intactas *formas essenciais* de diferença simbólica – exemplos: a iniciação, o culto dos mortos etc. – capazes de acomodar tanto conteúdos da ordem tradicional africana (orixás, ancestrais ilustres

46. Ibidem, p. 102.
47. M. Sodré, op. cit., p. 136.

[eguns], narrativas místicas, danças etc.) como aqueles ree-laborados ou amalgamados em território brasileiro. A expan-são dos cultos ditos "afro-brasileiros" em todo o território nacional (apesar da diversidade dos ritos ou das práticas litúrgicas) se deve à persistência das formas essenciais em polos de irradiação, que são as comunidades-terreiros (egbé). É isto que faz com que um santo da Igreja Cató-lica (como São Jorge) possa ser cultuado num centro de Umbanda, em São Paulo, como Ogum, orixá nagô. Ou seja, o conteúdo é católico, ocidental, religioso, mas a forma litúrgica é negra, africana, mítica. Ao invés de *salvação* (finalidade religiosa ou católica), o culto a São Jorge se articulará em torno do engendramento de *axé*.[48]

Interditados pelo império e pela Igreja católica em meados do século XIX, os festejos de reinado, ainda assim, continuaram alastrando-se e vincando-se pelo Brasil, apesar das perseguições institucionais, da ostensiva ridicularização pela sociedade branca ou da tolerância complacente, que os via ou vê como manifestações "folclóricas", "lúdicas" e "inofensivas". No entanto, os valores que traduzem, a visão de mundo que espelham, as formas rituais que performam e a reposição cultural que estabelecem vêm d'além mar, como rizomas, reinscrevendo perenemente, no palimpsesto textual brasileiro, a letra africana.

Essas reposição e reversibilidade fundam os festejos do reinado. Em seu universo narrativo-textual, narra-se um saber que traduz o negro como signo de conhecimento e agente de transformações. No enredo da fábula que organiza o reinado, o negro, com seus tambo-res, retira a Santa do Rosário das águas e é nos tambores negros que ela se senta e dos quais preside as cerimônias rituais. E são essas águas, travessias e encruzilhadas que os congadeiros performam em sua liturgia e festejos, celebrando a Senhora das Águas e Zâmbi, com seus candombes, bastões, gungas, tambores e tamborins, cantando o rosário de contas negras, que é quizumba e quizumba é:

48. Ibidem, p. 133-134. (Grifos do autor.)

Olê, Angola
olê, Angola
essa gunga vai girar
essa gunga vai girar
correr mundo
ô, correr mar

CÂNTICO DE MOÇAMBIQUE

Undamba Berê Berê

Essa noite nós andemo
à procura de um luar
encontrei Senhora do Rosário
hoje só que eu pude encontrar
Dim dim rim dim
eu quero ver
Dim dim rim dim
eu quero ver

CÂNTICO DE CONGO

Senhora do Rosário, Rainha do Mar, da Terra e do Ar

Ô Senhora do Rosário
tu és uma mãe tão boa
tu és tão cheia de amor
Ô Senhora do Rosário
alembra de nós, alembra
alembra de nós, alembra
alembra de nós, alembra
Ô Senhora do Rosário

"CÂNTICO DE MOÇAMBIQUE E DO CONGO"

Nos vestígios de antigas línguas africanas nativas, faladas ainda hoje por algumas comunidades negras em Minas Gerais e por membros mais velhos dos ternos de congados, Nossa Senhora do Rosário é saudada com a frase "Undamba Berê Berê, dionê de calunga uaiá", que, em quimbundo, significa "mulher bonita, senhora das águas do mar"[1]. Para essa divindade que surge nas águas se organizam as cerimônias rituais dos reinados negros nas terras das Minas Gerais, e é para ela que o congadeiro canta e dança:

> Anaruê
> anaruê
> okunda otunda undamba
> de calunga uaiá.
> anaruê[2]

Os festejos do reinado apresentam uma estrutura organizacional complexa, disseminada em uma tessitura ritual que desafia e ilude qualquer interpretação apressada de toda a sua simbologia e significância. Levantamento de mastros, novenas, cortejos solenes, coroação de reis e rainhas, cumprimento de promessas, folguedos, leilões, cantos, danças, banquetes coletivos, são alguns dos muitos elementos que compõem as celebrações em toda Minas Gerais.

A fábula que organiza os eventos, o enredo e seu desdobramento articula-se em torno de uma figura matriz: Nossa Senhora do Rosário. Nas narrativas dos congadeiros, a história do aparecimento e resgate da imagem da santa metamorfoseia-se em muitas versões que guardam, entre si, um núcleo convergente. Transmitidas oralmente, essas narrativas revelam modalidades de recriação do tema, com recorrências, supressões e acréscimos próprios dos processos de transmissão oral, vestindo-se sempre com as estórias, cores, matizes e timbres dos lugares e do contexto que as assimilam, recriam e reproduzem.

Uma das versões mais recorrentes em Minas nos conta que, no tempo da escravidão, os negros escravizados viram uma imagem da santa vagando nas águas do mar[3]. Os bran-

1. João Lopes, entrevista realizada em 12 de janeiro de 1994.

2. "Eu quero ver / eu quero ver / a mulher grande / senhora das águas / eu quero ver." João Lopes, entrevista realizada em 12 de janeiro de 1994.

3. Em variantes da lenda recolhidas por pesquisadores em outras regiões do Brasil, a imagem ora aparece nas águas ora no deserto ou sobre uma pedra. Ver F.V. der Poel, *O Rosário dos Homens Pretos*.

cos a resgataram e entronizaram numa capela construída pelos pretos, mas na qual os negros não podiam entrar. Apesar dos hinos, preces e oferendas, no dia seguinte a imagem desaparecia do altar e voltava ao mar. Após várias tentativas frustradas de manter a santa na capela, os brancos rendem-se à insistência dos pretos e permitem que eles rezem para a imagem, à beira-mar. Uma guarda de congo dirige-se, então, para a praia, e com seu ritmo saltitante, sua coreografia ligeira, suas cores vistosas, paramentos brilhantes e fitas coloridas canta e dança para a divindade. A imagem movimenta-se nas águas, alça-se sobre o mar, mas não os acompanha. Vêm, então, os moçambiqueiros, pretos velhos, pobres, com vestes simples, pés descalços, que trazem seus três tambores sagrados, os *candombes*, feitos de madeira oca e revestidos por folhas de inhame e bananeira[4]. Com seu canto grave e glotal, seu ritmo pausado e denso, suas gungas, seus *patangomes* e sua fé telúrica, cativam a santa que, sentada no tambor maior, o Santana ou Gomá, acompanha-os, devagar, sempre devagar[5].

Por ter retirado a santa das águas, os candombes, os três tambores sagrados, Santana, Santaninha e Chama, ou Gomá, Dambim, Dambé, são reverenciados como pais do reinado.

Nas festividades, o terno ou guarda de moçambique é o que conduz as majestades, as coroas e os coroados. Seu toque é o que mais se aproxima dos candombes. O moçambique representa o poder espiritual maior nos cerimoniais, irradiando o poder que emana dos tambores sagrados e guia o rito comunitário.

Durante as celebrações, esse mito fundador é recriado e aludido nos cortejos, falas, cantos, danças e fabulações, em um enredo multifacetado, em cujo desenvolvimento o místico e o mítico se hibridizam com outros temas e narrativas que recriam a história de travessias do negro africano e seus descendentes brasileiros. Os protagonistas do evento são diversos, dependendo da região e tradição das comunidades. Como já balizamos no capítulo 1, em Minas, a diversidade de guardas engloba, dentre outros, congos, moçambiques, marujos, catupés, candombes, vilões e caboclos.

4. O termo *candombe* designa tanto os três tambores sagrados que retiram a imagem das águas, a guarda formada por eles, assim como os seus rituais.

5. *Gungas* são instrumentos sagrados, feitos de pequenas cabaças ou latinhas recheadas de sementes ou coquinhos, pequenas esferas de chumbo ou pedrinhas, amarradas nos tornozelos, utilizadas para produzir ritmos. Podem ser também feitas de guizos. No passado mais longínquo, eram presas um pouco abaixo dos joelhos. Em certos contextos, o termo *gunga* também é utilizado para se referir ao reinado no seu todo. *Patangomes*: instrumentos de ritmo manual, de forma arredondada e achatada. São feitos de zinco, recheados por sementes ou coquinhos, pedrinhas ou pequenas esferas de chumbo, tocados por tocados por ambas as mãos.

Dentre todas, duas guardas, no entanto, destacam-se: o congo e o moçambique. Em Jatobá, ambos se vestem, comumente, de calças e camisas brancas. Os congos, entretanto, além dos saiotes, geralmente cor-de-rosa ou azul, usam vistosos capacetes ornamentados por flores, espelhos e fitas coloridas. Movimentam-se em duas alas, do meio das quais postam-se os capitães, e performam coreografias de movimentos rápidos e saltitantes, às vezes de encenação bélica e ritmo acelerado. Cantam o grave e o dobrado e representam a vanguarda, os que iniciam os cortejos e abrem os caminhos, rompendo, com suas espadas e/ou longos bastões coloridos, os obstáculos. Um dos seus cantos traduz esse espírito guerreiro:

> Esse gunga é que não bambeia
> esse gunga é que não bambeia
> ô, que não bambeia
> ô, que não bambeia

Já o moçambique, senhor das coroas, recobre-se, geralmente, de saiotes azuis, brancos ou cor-de-rosa por sobre a roupa toda branca, turbantes nas cabeças, gungas nos tornozelos, e utiliza tambores maiores, de sons mais surdos e graves. Os moçambiqueiros dançam agrupados, sem nenhuma coreografia de passo marcado. Seu movimento é lento e de seus tambores ecoa um ritmo vibrante e sincopado. Os pés dos moçambiqueiros nunca se afastam muito da terra e sua dança, que vibra por todo o corpo, exprime-se, acentuadamente, nos ombros meio curvados e nos pés. Seus cantares acentuam, na enunciação lírica e rítmica, a pulsação de seus movimentos:

> Olê, vamos devagar
> olê, vamos devagar
> moçambiqueiro não pode correr
> moçambiqueiro não pode correr
> olê vamos devagar

Todos os congadeiros trazem, além do terço, o rosário cruzado no peito, seu signo coletivo mais visualmente característico.

Os estandartes das guardas, os mastros, o cruzeiro no adro das capelas e igrejas do Rosário, os candombes, o rosário, dentre outros, são elementos sagrados no código ritual, investidos da força e energia que asseguram o cumprimento dos ritos. Assim, no moçambique, o bastão é o símbolo maior de comando dos principais capitães e, no congo, o tamboril e/ou a espada cumprem a mesma função.

Os reis e as rainhas são os líderes do cerimonial, numa estrutura de poder embasada em posições hierárquicas rígidas. Atualmente, algumas comunidades apresentam um grande séquito composto por rei e rainha congos, reis perpétuos, rainha de Santa Efigênia, rainha de Nossa Senhora das Mercês, rei de São Benedito, reis festeiros, além de príncipes e princesas. No passado, entretanto, apenas os pares de reis congos e reis festeiros eram comuns no Império dos congados. Com exceção dos reis festeiros, substituídos a cada ano, todas as demais majestades são vitalícias e de linhagem tradicional no reinado. Nessa hierarquia, destacam-se o rei congo e a rainha conga, as majestades mais poderosas. Enquanto os outros reis e rainhas representam Nossa Senhora do Rosário e outros santos do panteão católico, os reis congos simbolizam, além dessa representação, as nações negras africanas. Essa ascendência é traduzida pelo papel ímpar e singular que desempenham nos rituais e funções, e pelo poder com que sua coroa e paramentos são investidos. Assim, segundo o capitão João Lopes, "outros reis e rainhas podem ser até brancos, mas os reis congos devem ser negros"[6].

Tendo uma forma de organização social distintiva, os reinados negros podem ser lidos como um microssistema que opera no interior do macrossistema, dramatizando um modo de reelaboração secular e religioso diverso, inscrito no cotidiano das comunidades, expressão de uma cosmovisão e de uma vivência do sagrado singulares. A sintaxe que organiza os ritos e toda a representação simbólica deriva-se da narrativa fundadora, tecida pelo cruzamento do texto católico com repertórios textuais de arquivos orais africanos, transcriados, como um texto terceiro, pela tradição oral.

6. João Lopes. Entrevista realizada em 12 de janeiro de 1994.

Gomá, Dambim, Dambá: Fábula Textual

Eu vim buscar
eu vou levar
coroa Santa
eu vou levar

CÂNTICO DE CONGO

As contas do meu rosário
são balas de artilharia

"DITO POPULAR"

O culto a Nossa Senhora do Rosário foi difundido na Europa e na África através dos dominicanos. Segundo Van der Poel, há notícias do uso do rosário de Maria pelos cristãos já em 1090, tendo sido sua divulgação e expansão obra de "São Domingos de Gusmão (1170-1221), fundador da ordem dos dominicanos"[7]. Nos séculos seguintes, a devoção do rosário esteve sempre ligada à vitória nas batalhas que os cristãos moviam contra os considerados hereges pela Igreja Católica:

> O poder da devoção do rosário foi três séculos depois confirmado mais uma vez pela não menos maravilhosa vitória sobre os turcos perto de Lepauto (hoje Naupaktos, ao norte de Patros no Golfo de Corinto, na Grécia).
>
> Nesta ocasião o Papa Pio v (1566-1572), dominicano, criou a festa do rosário em "memória de nossa querida Senhora da Vitória".[8]

À Senhora do Rosário associava-se, então, não apenas a vitória contra os "inimigos" como também a libertação dos escravizados, processada após as batalhas. Segundo Van der Poel:

> À devoção do rosário foram atribuídas ainda várias vitórias como a libertação de Viena (Áustria) das tropas turcas em 1683 por Carlos, imperador dos Romanos, e a vitória do príncipe Eugênio sobre os turcos em 1716 perto de Neusatz no Danúbio, perto de Belgrado (Yugoslávia). Nesta última

7. F.V. der Poel, op. cit., p. 60.
8. Ibidem, p. 61.

ocasião o Papa Clemente XI estendeu a festa do Rosário para toda a igreja, colocando-a no primeiro domingo de outubro. Em 1913 o Papa Pio X mudou-a para o dia 7 de outubro.[9]

A devoção à Nossa Senhora do Rosário em África e sua entronização como padroeira dos negros teriam sido impulsionadas pela aparição de uma imagem da santa em Argel, possivelmente no deserto, inaugurando, em relação a essa divindade católica, todo um processo de reelaboração mítica, que se estende da África ao Brasil:

> Mas só se entende que os negros a tenham assimilado mediante a reelaboração de suas fundamentações míticas. Nessa reelaboração se manifestaram as forças potenciais de uma mitologia religiosa própria dos habitantes de determinada região africana.
>
> [...] O resgate de Argel remete para o trabalho do homem negro, mergulhado em si mesmo e no mundo para reconstruir a religiosidade dos antepassados, ameaçada pela violência dos conquistadores.[10]

No Brasil, as várias versões da lenda fundacional constituem um rico tecido textual de variações em torno de um mesmo tema. Como as narrativas mitopoéticas da antiguidade, a transcriação da fábula funda-se num ato criador textual coletivo que produz uma teia discursiva, em movimento contínuo. Ao contar cantando, o congadeiro alude ao tema primevo, mas dele também se distancia, imprimindo-lhe novas modulações textuais, ritmos e timbres diferenciados. Nesse texto em movimento, o narrar, cantado e dançado, é sempre um ato de constituição e construção simbólicas de uma identidade coletiva, na medida em que reagrupa os sujeitos e os investe de um *ethos* agenciador. O texto oraliturizado atualiza, assim, em todas as suas versões, o fundamento maior do rito ali realizado, a figuração do negro como agente no enredo que o tem por objeto, numa grafologia articulada pela performance da transmissão oral e pelo arranjo semiótico e semântico das veias de conhecimento e de saber ali tecidas.

9. Ibidem, p. 62.

10. N.P. Gomes; E. de A. Pereira, *Negras Raízes Mineiras*, p. 219-221.

Narrativa 1

O candome é quando Nossa Senhora apareceu no mar. Ela foi tirada com o candome, porque não havia caxa que tirasse ela.

Ninguém tinha liberdade, que era tempo da escravidão. O povo era só trabaiá. Então Nossa Senhora apareceu, lá nas águas. Os rico foi pra tirá ela, com banda de música, e tal; ela num quis. Quando o padre foi celebrá missa, falano palavra, ela só mexeu um mucadim mas parô. Porque Nossa Senhora num queria luxo. E foro aqueles fazendero com muito luxo, coisa boa pra pô ela ali dentro, aquele luxo. Ela parô. Eles pelejô, pelejô, ela fico parada lá nas água. Eles então vei embora.

O escravo viu tudo, pensô lá e combinô com os companheiros dele:

— Ah, vô lá falá com o sinhô — se o sinhô dé nós a liberdade de nós conversá com ele — nós vão pedi ele se ele deixa nós i pelejá lá pra vê. Nós falamo que a moça tava lá, eles achava que era mentira, descubriro que era verdade. Eles já foro com banda de música, já foi o padre, foi os ricaço com tudo quanto há...

— Ah, mas cumé que nós vai arrumá?

— Ah, tem aquele pau ali — tá curado, né? — nós põe um pedaço de coro ali no tampo dele e nós vão batê, cantano nossa linguage. Às vez — quem sabe? — e nós vão fazê nossas oração, levá nossos terço de conta de lágrima. (Eles fazia o terço era de noite: a hora que tava descansano eles tava fazeno.)

E assim o escravo foi e falô com o seu sinhô dele.

— Ah, nego, ocês tá querendo é coro! Pois se nós foi lá, com uma banda de música, primeiro nós levô o padre, fomo com tudo tão organizado e ela num saiu... Agora ocês é que vai...!

E os escravo disse:

— Não, num há poblema. Se o sinhô dá licença, nós vai. Se consegui, bem, se num consegui...

– Mas nós fizemo igreja, oratore, tudo enfeitado de tudo que nós podia, agora [...].

– Não, nós vamos só fazê a nossa oração lá. Se nós recebê a graça, muito bem; se nós num recebê, nós volta pra sanzala e vamo trabaiá.

E foi ele disse:

– Cês vai. Se ela num vié, caboco, cês perdeu a sua vez, cês vai entrá é no coro.

Eles pegaro seus tambô, que era um par de três tambô e foi. Chegaro lá, fizero oratore de sapé, pusero arco de bambu enfeitado pra ela passá e fora bateno os tambô, cantano, dançano pra ela. Ela deu um passo. Parô. Eles tornô a cantá, cantano demais, ela vei vino devagarzim, até que chegô na berada. Parô outra vez. Eles cantano, cantano.

Ah, os branco achô ruim! Quando ela parô na berada, eles tiraro ela. Com as banda de música, foguete, essas coisa. Tudo de novo. Ela ficô quetinha: pegaro ela, levô, fizero lá uma capelinha, pôs ela lá dentro. Os nego, esses já foi ficano pra trás e acabô indo tudo pra sanzala deles.

Quando foi no otro dia, eles abriro lá a capela, cadê ela? Tinha voltado pro mesmo lugá.

– Oh, que diabo! Nós foi com banda de música e os nego é que pôs ela na berada da areia; nós chegô, botamo ela no andô, tomô ela dos nego, levamo pra capela e a santa num tá mais lá.

Voltaro tudo pra vê: a santinha lá no mei do mar, parada.

Os nego armô a capelinha deles – cá no ponto de pobre, né? – de pé no chão, otros de precata, cantano, ela vei vino, eles arranjô seu andô deles. Tudo no ponto de pobre – pôs ela no lugá lá – lugá de nego, humilde – e ela ficô. Aí eles fizero a igrejinha dela e ela nunca que voltô.

Então ficô seno o tambô sagrado, o candome. É ele tirô ela. Num tambô ela vei sentada, igual andô. É Santana. Por isso nós começa o candome assim:

– Ê, tamborete sagrado

Com licença, auê!

Por isso é que nós bate o candome, brincano, igual desafio. Porque o branco desafia o negro e parece que ele ganha. Mas ganha é cá os nego véio. Igual com Nossa Senhora… quem ganhô?

Candome é um desafio, uma brincadeira de gente forte, que põe ponto, lembrano os passado.[11]

Narrativa 2

Quando Nossa Senhora apareceu no mar veio muitas entidades pra tirar ela do mar, né? E ninguém conseguiu, e os pretos eram cativos, eles não tinha liberdade de sair, fazer nada assim de ideia deles não, eles fazia as coisas tudo às escondidas, depois que os donos, os senhores recolhia é que eles formavam aquele grupinho deles e que ia rezar, ia distrai, cantar, tocar viola. Então por alto que eles ficaram sabendo que no mar, longe daquela região, parecia uma santa dentro do mar, então eles interessaram a ver, confirmar se era verdade, ou se não era, eles fizeram os instrumentos deles mesmo, eles mesmo fabricaram os instrumentos com toda simplicidade e foram tentar. Quando eles chegaram à beira-mar, que eles tocaram os instrumentos deles e cantaram do jeito deles, Nossa Senhora aluiu de onde ela tava e chegou pra mais perto, aí eles ficaram muito entusiasmado, ajoelharam no chão, rezaram a reza que eles sabiam, porque ninguém ensinava, eles já era criados junto com os branco, eles não tinha, não tinha direito de ir a lugar nenhum, né? Então eles não tinha direito nem de rezar à vontade deles, então eles ficaram naquele entusiasmo e vieram embora, e conversaram entre si, uns com o outro, não vamos falar não, porque se nóis contar esse segredo, nós seremos castigado, vamos ficar caladinho, então, eles, de outra vez eles tornaram a formar,

11. Sr. Geraldo Arthur Camilo, rei congo de Minas Gerais, patriarca da Comunidade dos Arturos em Contagem apud N.P. de M. Gomes; E. de A. Pereira, op. cit., p. 118-121.

deixou passar uns dias, com medo de ser descoberto aquele segredo, eles ficaram com medo, né? E tornaram a reunir lá na mesma turma e tornaram ir e fizeram um andor, tudo fora de hora, de noite, tudo às escondias, porque se o senhor descobrisse eles eram castigado, fizeram um andor todo, com toda simplicidade e foram pra beirada do rio e cantaram novamente os mesmos hinos, ficaram ali cantando, tocando os instrumentos. Os instrumentos que eles faziam com as próprias mãos deles era os reco-reco, era os instrumentuzinhos marrados na perna que era de tradição, usava era as cabacinha, umas cabacinhas, os tambores que eles mesmos faziam de pau, de couro de bicho e de pau, então eles batiam aquilo tudo fora de hora, tudo escondido. Quando eles chegaram com aqueles apetrechos na beirada do rio, Nossa Senhora veio devagarinho, e eles colocaram ela em cima do andor e vieram trazendo até o caminho; então o senhor descobriu, aí eles faziam novena, eles mesmos, só eles, sem participação de ninguém estranho e, ultimamente por fim, os brancos foram descobrindo e não castigaram eles não, porque a fé deles era tanta que não deixou eles sofrer por causa disso não. Então foi assim que Nossa Senhora apareceu no meio dos preto. É tanto que ela é mais da raça negra que dos branco; os branco hoje tem muita estima por Nossa Senhora do Rosário, tem muita veneração, porque ela veio, ela veio de Portugal pro Brasil, essa doutrina veio de Portugal, foi de lá que veio a irmandade, de Portugal para o Brasil, os primeiros que fizeram essa festa negra foi em Portugal, depois que veio pro Brasil, onde ela é muito venerada no Brasil, mas a raiz mesmo veio dos branco, dos branco de lá.

Então eles aceitaram o que os negro tinha feito e cultuou a memória e aonde existe até hoje essa festa maravilhosa, que nós todos fizemos parte, que é muito bonita, enquanto a gente existir a gente tem aquele amor, aquela veneração pelas coisas do reinado.[12]

12. D. Leonor Galdino, então com oitenta anos, rainha conga da Irmandade de Nossa Senhora do Rosário do Jatobá. Entrevista gravada em 18 de janeiro de 1993.

Narrativa 3

Antigamente, minha falecida mãe, que Deus a tenha, contava pra nós estórias de santo. Ela contava uma lenda que na época dos escravos aconteceu de verdade. Uma vez Nossa Senhora do Rosário apareceu para os escravo, era na época da escravidão. Um escravo mandou o seu filho ir na mina d'água que ficava perto do mar, buscar água. Quando o menino chegou na mina, ele viu uma luz muito forte no mar. Ele olhou, olhou e parou pra olhar bem. Ele sentiu que era uma moça com uma criança no colo que estava dentro do mar. Ele voltou correndo, chamou pelo pai, e disse na língua deles lá que tinha uma senhora no mar, se afogando com uma criança no colo. O pai dele não acreditou nele e foi lá verificar. Ele lá chegando, avistou a senhora no mar, a coroa dela brilhava demais, parecia uma luz muito forte. Então aquele escravo foi na fazenda do sinhô e comunicou o sinhô. O sinhô não acreditou nele e mandou dar chibatada nele. Aí ele falou: pode batê, sinhô, pode me dar chibatada, mas a virgem tá afogando no mar. O sinhô então preparou uma romaria só de gente branca pra ir retirar a santa do mar. Quando lá chegaram e viram a santa se afogando começaram a rezar e cantar em voz alta pra santa. Conseguiu tirar ela do mar e levar ela pra fazenda, fez um altar e colocou ali a santa. Depois da reza foram dormir. No outro dia ele procurou pela santa e a santa não estava. Achou que os escravo tinha roubado a santa e mandou bater nos escravo. Quando os escravo, chorando, disse que não era eles, ele voltou ao mar e viu que a santa já estava quase se afogando. De novo levou pro altar e ela voltou a fugir. Quando viu que ela não queria aceitar eles, deixou os escravo tentar.

Os escravo se reuniu e fez tambores, forrado com folha de inhame. Eles pegaram a madeira, cortaram redondo, trançaram com embira de banana, foram no brejo e pegaram folha de inhame para cobrir os tambor. Primeiro foi a guarda de congo, enfeitou-se bem e foi dançar pra ela, mas ela não saiu da água. Ela achou muito bonito mas ela não saiu. Então os escravo mais velho ajuntou todo os escravo, velho e novo, preparou uma guarda de moçambique e foi dançar pra ela. Era a mesma gente, as caixa era as mesma, mas o canto e a dança era diferente. Quando eles dançaram pra ela, no jeito diferente que tem o moçambique de dançar, ela olhou muito pra eles. Eles foram entrando no mar, cantando pra ela, levando o bastão perto dela. Eles cantavam pra ela assim:

Ô, vem Mariá
já com Deus,
vem Mariá

E foi chegando, foi chegando com o bastão perto dela, assim, e ela segurou no bastão; quando ela segurou no bastão, eles cantou pra ela:

Ô, vem Mariá
já com Deus,
vem Mariá

Ela segurando naquele bastão, eles conseguiu puxar ela pra fora do mar, forraram então um dos tambor com pano branco que eles carregava no ombro e ela sentou em cima daquele tambor, em cima do tambor Nossa Senhora do Rosário está sentada. E ela ficou sendo a padroeira de toda a raça negra, a nossa sinhá, a nossa mãe. E a água indo pra lá e eles vindo pra cá. Por isso moçambique é o dono de coroa, porque tirou Nossa Senhora do mar e sentou ela nos seus tambor. E eles carregaram ela devagarim, devagarim, cantando:

Olê, vamo devagá
olê, vamo devagá
Moçambique não pode corrê
Moçambique não pode corrê
olê, vamo devagá[13]

Narrativa 4

Eu ouvi quando contava os negos véios, o qual eu era criança nessa época, contando sobre a lenda do reinado e nóis sobrevivemos no Reinado de Nossa Senhora como a lenda. Assim contava eles que Nossa Senhora apareceu no mar e o menino, uma criança filha dos nego veio, foi a primeira que viu a santa, viu a santa e viu uma coisa muito [...] uma coisa brilhando em cima da cabeça dela. Ele não sabia distinguir o que que era, porque estava muito longe. Voltou em casa e contou a seus pais que tinha visto uma mulher muito bonita sentada na pedra dentro do mar e com uma luz na cabeça. O pai do menino falou pro menino que não admitia que ele contasse mentira, que o preto não conta mentira, que ele abrisse a boca só pra falar a verdade, bateu no menino e o menino ficou brincando, daí a pouco ele tornou a ver a santa a mesma coisa lá no mar.

Nesse meio tempo os branco viu a Nossa Senhora sentada no mar, então juntou os padre jesuíta, assim contando pelos nego veio essa lenda.

E foram lá pra tirar a santa, levaram banda de música, levaram coral, fizeram uma igrejinha bonita e foram de canoa e tiraram a santa lá de dentro do mar, colocou ela dentro da igreja. Quando foi no outro dia que eles voltaram, ela não estava lá mais, estava sentada na mesma pedra; aí o pessoal começou a fazer a romaria e juntando os marujos, pro mar, tudo pra ver Nossa Senhora, tirava ela e colocava ela na igreja e ela tornou a voltar lá pro mesmo lugar lá onde

13. D. Alzira Germana Martins, então com 65 anos, rainha de Nossa Senhora das Mercês da Irmandade de Nossa Senhora do Rosário do Jatobá. Entrevistas gravadas em 5 de julho de 1992 e 3 de abril de 1996.

ela tava. O menino tornou a ver a santa e tomou outro coro, quando foi na terceira vez que ele falou que tinha visto a mulher bonita lá dentro da água do mar, os pais dele foram até uma certa distância e viram a santa e viu a multidão de gente que estava fazendo romaria e pelejando pra ver se a Nossa Senhora ficava fora da água. Então os nego véio pediram a seus senhor, que eles eram escravos, se eles podiam ir lá cantar pra santa na beira do mar. Então o senhor deles falou: cantar como, vocês não têm instrumentos, e eles disseram se ele dava permissão deles cortar a madeira, pegar a madeira pra fazer os instrumentos, pra poder cantar pra Nossa Senhora. O senhor deles respondeu: desde que vocês forem no mato e não cortarem nenhuma madeira em pé, nenhuma madeira verde pra fazer os seus instrumentos, cês pode ir, cês pode cantar pra ir lá visitar a santa. Então juntou os […] sete homens, seis homens e uma mulher, eles foram pro mato cortaram os cabos no mato, pegaram folha de bananeira africana colocou na boca daquele pau ocado […] então se diz que o preto é cheio de mandinga e feitiçaria, mas não tem nada disso, preto só tem, quando ele faz uma coisa ele faz de amor e de coração com aquela fé viva que eles tinha que ir cantar pra Nossa Senhora, colocaram aquela folha de bananeira naquele pau ocado e foi cantar pra Nossa Senhora na beira do mar. Quando eles chegaram na beira do mar que eles cantaram: anaruê, okunda otunda dandolê di carunga uaiá, anaruê oiê akunda akunda oreia di carunga anaruê.

E começaram a cantar, a mulher que tava na frente, ela levou um ramo, um galho de oliveira e começou a balançar pra santa e os nego baixaram a cabeça e cantando nos pé dos seus tambor e chamava: o tambor grande, Santana, […] o do meio chamava Santaninha e o pequenino chamava Chama. E tinha o que tocava a cuíca, e outro que tocava o chocalho, e abaixaram ali e começaram a cantar, tava cantando, quando eles levantaram a cabeça Nossa

Senhora tava no meio deles. Nesse meio tempo os brancos revoltaram com os nego e mandou os seus capataz bater nos nego, dançando e cantando pra Nossa Senhora e os capataz começou a bater neles de chicote. As chicotadas que eles dava no nego, o nego não sentia nem um pouquinho de dor, os branco que começou a sentir dor e fizeram aquele grande fuzuê, que se fala confusão, aquele fuzuê danado, aquela mexida toda. Aí Nossa Senhora do Rosário vendo que os nego tava ali, de coração puro e de memória contrita, fiel a ela, começou a chorar pelo martírio que os branco tava fazendo com os nego. Nesse momento que ela chorou dos seus olhos correram água, essas água que correram dos seus olhos caíram no chão, dessa água que caiu no chão nasceu o pé de capim, desse pé de capim nasceu as frutinhas, dessas frutinhas em diante os nego fez os rosário de Nossa Senhora, os seus rosário dos setes mistérios. E até naqueles momentos eles usava colar de conta de noz, contas de frutas de palmeira que eles usava nesses colar, e dali eles levaram a santa pra fazenda onde eles moravam. O senhor colocou eles na prisão, na senzala e botou a santa separada, e falou com eles que não podia ir lá visitar a santa [...].

Quando foi no outro dia que o senhor foi lá onde é que a santa tava ela já não tava lá mais, ela já tinha desaparecido, aí [...] o senhor apertou os nego e disse que ia botar eles na roda do chicote, naquela roda de navalha, se eles não falasse onde é que tinha escondido a santa; foi o menino disse pro senhor: por que vossuncê não vai lá na beira do mar pra ver se a santa não voltou pra lá? Quando ele chegou lá a santa tava dentro de um ranchinho de sapé que os nego tinha feito pra guardar os seus instrumentos e pra cantar pra Nossa Senhora do Rosário.

Aí eles pelejaram de toda maneira, ela ficou naquela casa de sapé, que a casa de Nossa Senhora, por mais bonita que seja ela, é a mais humilde de todas as igrejas de nosso

Brasil, e nesse meio de tempo que teve aquela confusão toda, Nossa Senhora do Rosário, até que resolvia a confusão, sentou no tambor Santana e ele ficou considerado para os congadeiros e para todo o pessoal que faz o reinado, o tamborete sagrado aonde ela sentou pela primeira vez no meio dos preto. E desse dia em diante os nego começou a fazer a segunda festa de Nossa Senhora do Rosário, baseada nos quinze mistério do rosário de Maria.

Então essa lenda é a lenda do aparecimento da imagem da santa e a retirada dela da água. No início da segunda festa dela, que a primeira não foi feita na terra, a primeira foi feita no céu, tinha nego do Congo, nego de Moçambique, nego da Costa, nego Cambinda, nego da Guiné, tinha todas nações, só não tinha nagô. Quando eles ajuntaram esse grupo de negos pra tirar Nossa Senhora do Rosário eles fizeram uma só guarda, chama-se Guarda de Candombe de Nossa Senhora do Rosário. Porque eles que tiraram Nossa Senhora do mar junto do Candombe, ficou assim definido: o Candombe, o pai de todos os reinados aqui da terra e ficou também definido entre esse povo do Congo e Moçambique que o Candombe que puxaria as coroas, mas como o candombe é um instrumento muito difícil de carregar, o único pessoal que adaptou bater os instrumentos como mais ou menos a semelhança que bate o candombe foi o povo de Moçambique; eles fizeram o seu grupo, formaram o seu grupo e com seus tambores formaram a guarda de moçambique e ficou assim definido entre eles [...] que o moçambique puxaria o trono, o congo seria o guia de moçambique, limpando o caminho, cantando assim a arruação, que eles canta agudo e canta grave, limpando os caminhos e pedindo as proteção pra que passasse o trono das coroa, simbolizando a coroa de Nossa Senhora do Rosário.[14]

14. Sr. João Lopes, então com 64 anos, capitão-mor da Irmandade de Nossa Senhora do Rosário do Jatobá. Entrevista gravada em 12 de janeiro de 1994.

Narrativa 5

Apareceu Nossa Senhora do mar. Isso era na época da escravidão. Os portugueses, senhores, donos da terra, foram e tiraram a imagem e levaram pra uma capela. No dia seguinte eles foram na igreja e a imagem não estava mais lá, tinha voltado pro mar. Aí os escravos reuniram num tipo dum batido mais rápido, que hoje é o congo, e foram cantando pra tirar a imagem do mar. Só que eles também não conseguiram. Aí outros escravos, com o batido das caixas mais compassado, que hoje é o moçambique, cantou pra Nossa Senhora e ela acompanhou eles. Por isso que na tradição o moçambique é que vem puxando as coroa, que é o dono de coroa.[15]

Narrativa 6

Um dos negos foi pescar lá na beira do mar. Aí ele viu Nossa Senhora do Rosário nas águas do mar. Ali ele chamou os nego, que foram cantar e rezar pra ela, batendo tambor. A Nossa Senhora foi acompanhando eles. Eles fizeram uma choça coberta de sapé. Então o chefe deles viu e mandou bater neles e Nossa Senhora do Rosário viu eles apanhando e começou a chorar e pingou uma lágrima no chão, nasceu uma flor, aquela flor era um pé de conta de lágrima. Por isso que nasceu o terço de Nossa Senhora do Rosário.[16]

15. Walquíria Kátia Moreira, então com 25 anos, guarda-coroa e atual secretária da Irmandade de Nossa Senhora do Rosário do Jatobá. Entrevista gravada em 6 de abril de 1996.
16. Ubirajara de Lima Ferreira, Bira, então com oito anos, dançante de moçambique na Irmandade de Nossa Senhora do Rosário de Jatobá. Entrevista gravada em 7 de julho de 1996.

As variantes da lenda aqui reproduzidas, cotejadas com outras versões das mais diversas regiões brasileiras, permitem sublinhar o núcleo comum através do qual se processa essa reengenharia de saberes e poderes na estrutura dos reinados negros. Há, basicamente, nessas narrações, três elementos que insistem na rede de enunciação e na construção do seu enunciado: 1. a descrição de uma situação de repressão vivida pelos pretos; 2. a reversão simbólica dessa situação com a retirada da santa das águas ou da pedra, capitaneada pelos tambores; 3. a instituição de uma hierarquia e de um outro poder, fundados pelo arcabouço mítico.

Os dois elementos iniciais instituem o primeiro movimento da narrativa mítica, do interior para o exterior, centrífugo, que coloca em oposição brancos opressores e negros oprimidos, a escravidão e a luta pela liberdade, o olhar branco que coisifica o sujeito negro e o negro como agente de sua reumanização. Ao retirar a santa das águas, imprimindo-lhe movimento, o negro performa um ato de repossessão, invertendo, no contexto da hagiologia religiosa, as posições de poder entre brancos e negros. A linguagem dos tambores, investida de um *ethos* sagrado, agencia os cantares e a dança, que metonimicamente se projetam como ícones e símbolos na complexa rede de relações sígnicas, invertendo na letra do mito o alfabeto do sagrado, prefigurando uma subversão da ordem e hierarquias escravistas. Esse deslocamento interfere na sintaxe do texto católico, inseminado agora por uma linguagem autóctone e diversa da ocidental; uma linguagem que se realiza e pulsa na conjunção do som dos tambores, do canto e da dança, que interagem na articulação da fala e da voz de timbres africanos. O próprio fundamento do texto mítico católico é rasurado, nele emergindo, como num palimpsesto, as divindades africanas:

> Segundo a orientação da Igreja, o mito de Nossa Senhora do Rosário manteria sua consciência enquanto a divindade permanecesse fora do alcance humano. [...] O mito católico se alimentava dessa presença e ausência da divindade, fazendo delas o estatuto que não poderia ser rompido: A Santa visitava os homens mas em seguida distanciava-se deles.
>
> Os negros, através dos cantos do Candombe, do Moçambique e do Congo, retiraram a Santa do mar e a fixaram numa gruta ou capela. Ao trazer a divindade para perto do

homem, cumpriram o estatuto do mito católico, esvazian-
do-o em sua tensão primordial. Isso permitiu que sobre
os vestígios do culto católico se reinaugurasse o mundo
das Grandes-Mães ctônicas, a Mãe Terra vinda de uma
África violada.[17]

Numa perspectiva que transcende o contexto simbólico-religioso,
esse ato de deslocamento induz à possibilidade de reversibilidade das
posições do domínio em outros níveis. Cresce, portanto, em significância o fato de as narrativas realçarem o agrupamento de diferentes
nações e etnias africanas, sobrepondo-se às divergências e rivalidades
tribais. O coletivo superpõe-se, pois, ao particular, como operador de
formas de resistência e enfrentamento do poder opressor. Tanto no
enunciado quanto nos cortejos, que performaticamente representam
a narrativa, a superação parcial das diversidades étnica e tribal funda
o *ethos* e o ato coletivo negro como estratégias de força e organização contra o inimigo comum. Conforme nos relembra Moraes, ao
descrever o cortejo e séquito de reis negros em 1748:

> o campo de São Domingos, nas proximidades da capela,
> opulentava-se de um espetáculo variado e estranho em que
> Moçambiques, Cabundás, Benguelas, Rebolos, Congos,
> Cassagens, Minas, a pluralidade finalmente dos represen-
> tantes de nações d'África, escravos no Brasil, exibiam-se
> autênticos, cada qual com seu característico diferencial,
> seu tipo próprio, sua estética privativa.
>
> Homens, mulheres e crianças, em largo regozijo da
> liberdade de um dia, esqueciam por instantes as palmeiras
> de sua terra, os fetiches de seu país, aguardando a coroa-
> ção do soberano [...].[18]

Torna-se possível, assim, ler nas entrelinhas da enunciação fabular o gesto pendular: canta-se a favor da divindade e celebram-se as
majestades negras e, simultaneamente, canta-se e dança-se
contra o arresto da liberdade e contra a opressão.

17. N.P. de M. Gomes; E. de A.
Pereira, op. cit., p. 101-102.
18. M. Moraes Filho, *Festas e
Tradições Populares do Brasil*, p. 226.

Desse gesto emerge o segundo movimento dramatizado nas narrativas: o estabelecimento de uma estrutura de poder interna que reorganiza as relações tribais negras e as posições estratégicas aí imbricadas. As guardas de congo abrem os cortejos e limpam os caminhos, como uma força guerreira de vanguarda. O moçambique, alçado como líder dos ritos sagrados e guardião das coroas que representam as nações africanas e a Senhora do Rosário, conduz reis e rainhas. O timbre de seus tambores representaria, numa relação especular engendrada pela fábula, a voz mais genuinamente africana, a reminiscência da origem que, iconicamente, traduziria a memória de África. Dono das coroas e guardião dos mistérios, o moçambique é a força telúrica e também guerreira que gerencia o *continuum* africano, reorganizando as relações de poder, nem sempre amistosas, entre os povos negros dispersos pela diáspora. Estabelecem-se, portanto, na estrutura paralela de relações especiais dos reinados negros, novas hierarquias fundadoras do microssistema social, que operacionalizam as redes de comunicação e as relações de poder entre os próprios negros. Assim, como ressoam nos cantares, o congo "é o que não bambeia", mas moçambique é o "dono de coroa".

Esse complexo de reelaboração sintática e semântica do mito interfere no próprio enunciado do texto cristão, inseminando a cosmologia católica de outras referências, na medida em que a Senhora do Rosário, por analogias periféricas, pode ter sido associada a outras divindades dos panteões africanos banto e, mesmo, iorubá:

> A identificação entre Nossa Senhora do Rosário e a tradição de uma religiosidade africana não se faz apenas pela semelhança entre o colar do rosário e os opelês – as contas de Ifá com as quais os antepassados se comunicavam com os deuses. [...] A particularidade na interpretação do mundo é que tornou o negro – por semelhanças e diferenças – um participante da comunidade dos homens. Sua herança mítica se imbricou na teia da hagiologia católica, modificando-a e modificando-se simultaneamente.[19]

19. N.P. de M. Gomes; E. de A. Pereira, op. cit., p. 102. Ver, ainda, sobre essa associação, J.R. Tinhorão, *Música Popular de Índios, Negros e Mestiços*; A. da M. Machado Filho, *O Negro e o Garimpo em Minas Gerais*.

Nesse sentido, as possíveis relações metafóricas entre os opelês do orixá Ifá, iorubá, e as contas do rosário crescem em significância, apesar de a tradição do reinado ser fundamentalmente banto: "Os adivinhos africanos faziam um rosário, Opelê-Ifá, com quatro cocos de dendê serrados ao meio. O rosário de Ifá compunha-se portanto de oito metades de cocos, amarradas numa fileira de palha da costa, terminada na extremidade 'macho' por um nó, e, na extremidade 'fêmea', por uma franja. O babalaô, 'pai do segredo', possuía o uso exclusivo do opelê."[20]

A substituição das sementes de palmeiras (opelês ou opás) pelas contas de lágrimas é dramatizada nas narrativas dos congadeiros como efeito do sofrimento da Santa ao presenciar a tragédia dos negros escravizados:

> Aí Nossa Senhora do Rosário vendo que os nego tava ali, de coração puro e de memória contrita, fiel a ela, começou a chorar pelo martírio que os branco tava fazendo com os nego. Nesse momento que ela chorou dos seus olhos correram água, essas água que correram dos seus olhos caíram no chão, dessa água que caiu no chão nasceu o pé de capim, desse pé de capim nasceu as frutinhas, dessas frutinhas em diante os nego fez os rosário de Nossa Senhora, os seus rosário dos sete mistérios. E até naqueles momento eles usava colar de conta de noz, contas de frutas de palmeira [...].[21]

Esse relato nos enuncia dois movimentos substitutivos de naturezas diferenciadas. O primeiro diz respeito à substituição dos opelês, abundantes na África, pelas contas-de-lágrima, mais comuns em todo o Brasil, o que atesta o processo de imbricação dos sistemas simbólicos africanos nos códigos católicos. Os opelês se reterritorializam nas contas brasileiras, adaptando o universo simbólico africano no seio mesmo da hagiologia católica; revestindo-a de novas inscrições e sentidos. Nesse processo de substituição, os elementos da terra, as contas de lágrimas, são dotados

20. Monique Augras apud N.P. de M. Gomes; E. de A. Pereira, op. cit., p. 283.

21. João Lopes, entrevista realizada em 12 de janeiro de 1994.

e investidos de novos significados, repondo, por analogia e contiguidade, os frutos do solo africano, os opelês. O mesmo movimento é
encenado na fabricação dos tambores, numa alquimia instrumental
significante que adapta o conhecimento, barrando, assim, o esvazia-
mento da memória. No artesanato dos tambores, máscaras, estatuária,
bastões e objetos de culto, o ato de reminiscência opera como instrumento que recentra a pessoa. E é todo esse complexo sistema
vivencial que engravida de África as terras americanas, posfaciando
no corpo/*corpus* coletivo negro os rizomas africanos, confirmando,
no âmbito da produção de sentido sígnica, mas não apenas neste,
o dito popular: "As contas do meu rosário são balas de artilharia."

Por outro lado, o choro da Santa, sua atitude piedosa, mais con-
fortadora que guerreira, nos oferece margem a algumas hipóteses
indiretamente tecidas pela enunciação das narrativas do resgate da
imagem. Como testemunha frei Francisco Van der Poel, em seus
primórdios, a devoção a Nossa Senhora do Rosário esteve associada,
ostensivamente, a vitórias em batalhas campais, principalmente contra os turcos. Tanto é assim que *vitória* passa a ser, então, um seu
epíteto substantivado. O papa Pio v, no século xvi, refere-se a ela
como "nossa querida Senhora da Vitória"[22]. Ora, na maior parte das
variantes da fábula, no Brasil, o sucesso nas batalhas e a vitória contra o inimigo são eclipsados pelo alçamento de outras virtudes da
santa: compreensão e sofrimento dos pretos, preferência por estes em
detrimento dos brancos, atuação indireta na revogação da escravidão.
A batalha, antes louvada na via do confronto direto, é substituída
por uma atuação indireta da santa, não mais no plano terreno, mas
no espiritual. Nessa via de leitura, as narrativas se revestem de uma
ambiguidade e ambivalência duplamente significativas, pois ainda
que naquelas a santa abdique de sua natureza guerreira, o negro ree-
labora, semanticamente, a estrutura do mito e repõe seus sentidos.
Nas narrativas há um evidente jogo sígnico entre olhar e ver, querer
e poder, submissão e resistência, passividade e transgressão, trans-
parência e ocultamento. Em todas as versões, os verbos *ver*, *poder*,
resistir, *insistir*, *transgredir*, *aparentar* e *lutar* são atributos do negro
em oposição ao branco, que *quer*, *olha*, *agride*, *é vencido*. O branco

22. F.V. der Poel, op. cit., p. 61.

olha a imagem, mas é o negro que a vê. O branco quer entronizar a Santa, mas ela se senta nos tambores negros.

Fazendo-se agente de ações afirmativas que transgridam a ordem do sistema escravocrata, o negro esvazia, de modo indireto, a super-posição do atributo passivo da Santa, reinvestindo-a de seu sentido primevo, o da luta e do combate. No âmbito de sua simbologia, o dis-curso narrado pela tradição e performado pela transmissão movimenta o código das aparências, não apenas na transgressão do sistema sim-bólico dominante, mas também na inscrição de uma perspectiva de mudança nas posições do negro na ordem escravocrata.

A fábula nos revela a oposição entre o "não" do escravocrata repelido pelo "sim" do escravizado, a insistência do último, tanto no tecido da dicção retórica de afirmação étnica, como no agencia-mento e na busca de meios para objetivos comuns. Assim, os pretos fabricam seus próprios tambores, utilizando-se dos elementos de que dispõem, fibras, embiras, cipós e troncos, e das contas, no lugar dos opelês. Essa instrumentalização sublinhada nas narrativas dos congadeiros traduz os processos de reterritorialização de sistemas simbólicos africanos no Brasil e ressemantização dos elementos da religiosidade católica, assim como a criação de estratégias retóricas e instrumentos de resistência bélica, que propiciaram as revoltas, a atuação efetiva dos quilombolas, e de várias outras manifestações negras contra o sistema escravocrata e as posições do sujeito negro na sociedade brasileira. A própria representação da rainha ginga, de cuja figura deriva a figura da atual rainha conga, atesta essa natureza guerreira dos congados, como focos de resistência e de reelaboração social e religiosa, reencenando as batalhas que a célebre rainha ango-lana Njinga Nbandi arrastou contra o império português no século XVII. Descrevendo os cortejos de congos em várias regiões brasilei-ras, Cascudo destaca a representação da rainha ginga, de norte a sul do país, no início do século, considerando "natural que seu nome não se apague na memória dos negros africanos, quando continua vivo e poderoso nas lembranças dos descendentes dos africanos no Brasil"[23]. Ressaltando o espírito guerreiro e empreendedor dessa rainha, além de sua sagacidade, imponência e beleza, Cascudo

23. L. da C. Cascudo, *Literatura Oral no Brasil*, p. 419.

acrescenta: "A rainha ginga, Njinga Nbandi, existiu realmente, com imensa projeção para determinados povos bantus. Foi a última soberana que resistiu ferozmente ao domínio português no séc. XVII, fazendo e desfazendo alianças, violenta, sagaz, impressionante de inteligência e majestade consciente."[24]

D. Leonor Galdino, rainha conga da Irmandade de Nossa Senhora do Rosário do Jatobá reafirma esse poder paralelo instituído nos reinados negros, resumindo as ressonâncias que a coroa da rainha conga imprime: "A coroa representa poder. Majestade! Autoridade! Com a coroa na cabeça eu sou a autoridade máxima."[25]

Moraes, na descrição dos festejos ocorridos em 1748, acentua, em várias passagens, esse poder agregador que o soberano negro instituía:

> os negros das fazendas dos jesuítas, os escravos das casas fidalgas, alcançando por isso consentimento, avultavam aos bandos, no campo de São Domingos, em alegre algazarra, postando-se nas imediações do amplo quadrado, aos rufos das caixas de guerra batidas ao longe.
>
> [...]
>
> E os pandeiros, os tambores, as macumbas, os canzás, as marimbas, precedendo a multidão, anunciavam estrugindo a entrada triunfal dos Congos nos festejos profanos da coroação de um Rei Negro[26].

A instituição desse poder paralelo, que ainda hoje atravessa a vida cotidiana de muitas comunidades negras, contribuía no passado para a reunião de diferentes nações e etnias, muitas delas inimigas seculares em África, nas gigantescas batalhas surdas através das quais os negros foram muito mais agentes na derrocada do sistema escravista do que a história oficial nos dá notícia. No contexto da sociedade escravocrata, que procurava ignorar toda a história das civilizações africanas, a apropriação pelos negros dos rituais de celebração de seus antigos reis e de sua história própria, fraturada pelas invasões europeias e pela deportação de seus nativos, possibilitou o processo de reinvestimento identificatório,

24. Ibidem, p. 418.
25. D. Leonor Galdino, entrevista realizada em 27 de agosto de 1992.
26. M. Moraes Filho, op. cit., p. 227-228.

necessário na constituição de qualquer sujeito ou cultura. Nei Lopes, ratificando a importância desse aparato celebratório, ecoa Câmara Cascudo, ao afirmar:

> Segundo o mestre potiguar, embora os sudaneses tivessem constituído Estados monárquicos da mais alta grandeza – haja vista a legenda dos tunka do Antigo Gana, dos mansa do Antigo Mali, dos askia do Império Songai de Gao, dos obá de Benin, dos alafin de Oyó, dos oni de Ilê-Ilê, para citar apenas os exemplos mais conhecidos – tanto na África quanto no Brasil, é entre os Bantos e sua descendência que "a imagem ostensiva de majestade, severa, imperiosa, Rei coroado, supremo título subjugador" (Cascudo, 1965:72) aflora grandiloquente. E quando se quer falar em "rei negro", nas manifestações bantas recriadas em terra brasileira, fala-se principalmente em Rei do Congo, projeção simbólica dos grandes Muene Kongo, os Manicongos com que os portugueses trocaram credenciais diplomáticas e presentes, de igual para igual, em suas primeiras expedições à África Negra. Assim é que um sem-número de manifestações da arte afro-brasileira conserva a lembrança das grandezas passadas no Antigo Congo e de seus reis.[27]

Um canto da guarda de congo traduz, minimalística e substantivamente, não apenas essa reminiscência, mas o sentido de valor colado à coroa dos reis, símbolo de uma autoridade que descentra, em vários níveis, o poder institucional hegemônico:

> Lá na rua de baixo
> lá no fundo da horta
> a polícia me prende
> ôlele
> Sá rainha me solta
>
> CÂNTICO DE CONGO

27. N. Lopes, *Bantos, Malês e Identidade Negra*, p. 150.

O texto da fábula matriz rege, pois, toda a liturgia dos rituais do reinado, pela qual o congadeiro vivencia, de modo singular, sua religiosidade. Através da reapresentação simbólica, são estabelecidos canais de negociação entre arquivos culturais distintos, africanos e europeus, metonímias de *arkhés* também diversas. A dicção dos brincantes insemina o código católico, mas não o exaure ou esvazia, pois o congadeiro, em geral, se reconhece como católico e se define como devoto de São Benedito, Santa Efigênia, Nossa Senhora das Mercês e, em particular, de Nossa Senhora do Rosário. Essa devoção às divindades católicas e, simultaneamente, à tradição ritual e cosmovisão legadas pelos africanos traduz-se numa engenhosa maneira de coreografar certos modos possíveis de vivência do sagrado, de apreensão e interpretação do real. Na narrativa mitopoética, nos cantares, gestos e danças e em todas as derivações litúrgicas do cerimonial do reinado, o congadeiro canta a divindade católica e, com ela, as nanãs das águas africanas, Zâmbi, o supremo deus banto, os antepassados e toda a sofisticada gnose africana, resultados de uma filosofia telúrica que reconhece na natureza uma certa medida do humano, não de forma animista, mas como expressão de uma complementaridade cósmica necessária, que não cinde o sopro divino e a matéria, em todas as formas e elementos da *physis* cósmica. E é como efeito dessa complexa arquitetura de cruzamentos conceituais e performáticos que, africanamente, o reinadeiro celebra Nossa Senhora do Rosário, iconizada, no reinado, como a grande mãe ancestral, a divindade mais amada.

Moçambiqueiro
na beira do mar
Saravá Nossa Senhora
ô Coroa

CÂNTICO DE MOÇAMBIQUE

Rituais de Linguagem

Nas narrativas aqui transcriadas, nos cantares e em toda a paisagem
textual dos congadeiros, cuja diversidade e variedade não almejo
recobrir ou mesmo reduzir, alguns elementos que fundam os modos
de enunciação da oralitura da memória se sobressaem, dentre eles:

a.   A vinculação do narrador a um universo narratário que o antecede
mas que, simultaneamente, o constitui e nele o inclui. A voz da narração, articulada no momento evanescente da enunciação, presentifica
o narrado e os narradores antepassados, mas também singulariza o
performer atual. Nesse ritual de apropriação e execução, a questão
da autoria não se coloca e só pode ser abordada de forma secundária.
Singular é a performance da fala, pois a fala é coletiva, legada pelos
ancestrais. Da convergência da voz coletivizada, a da tradição, com
a dicção particular do narrador, emerge o narrado. Narrar e cantar
são, assim, jogos de improvisação (como no jazz tradicional) sobre os
motes e os temas na série curvilínea e espiralar da tradição. A narração é, pois, sempre movediça, ponte entre o individual e o coletivo,
o plural e o singular. As histórias e cantos não são executados de um
único modo pelo narrador, pois ele imprime uma dicção linguística,
gestos, movimentos corporais e modulações tonais diferenciados em
cada execução. Sua marca indelével de autoria só se exprime pela
sua maior ou menor capacidade de estabelecer esse diálogo entre
passado e presente. Por isso às vezes se ouve: "Ninguém canta mais
como o capitão Edson", ou "Só o João sabe tirar esse canto".
     Esse vínculo do narrador com os elos da tradição é realçado em
todas as narrativas. João Lopes assinala: "Eu ouvi quando contava
os nego véio." D. Leonor Galdino reitera: "Nós tem o conhecimento
do reinado é desde que eu me entendo por gente. Eu teria mais ou
menos nove anos e já acompanhava os meus avós no reinado." E d.
Alzira G. Martins assegura: "Antigamente, minha falecida mãe, que
Deus a tenha, contava pra nós histórias de santo." Esse procedimento
discursivo assegura, ainda, a veracidade do testemunho e delega
autoridade ao narrador.

b.   A repetição de certos sintagmas e expressões idênticas ou análogas reifica o narrado, cria a sua realidade, e modula a enunciação e a dinâmica do ato de narrar. Na narrativa de João Lopes, ouve-se: "e o menino, uma criança, filho dos nego véio, foi a primeira que viu a santa, viu a santa e viu uma coisa […] uma coisa brilhando em cima da cabeça dela". Essa reiteração dramatiza também os movimentos essenciais do ato narrado, como exemplifica a narração de d. Alzira: "E foi chegando, foi chegando com o bastão perto dela, assim, e ela segurou no bastão; quando ela segurou no bastão, eles cantou pra ela […]." Na lírica dos cantares, essa reificação se expressa na repetição do verso e na própria resposta coral. O Capitão "tira" o tom e o canto, cujo refrão apropriado é repetido pela guarda, que deve saber a resposta coral exigida para cada canto.

c.   A recorrência de expressões figuradas de forte efeito discursivo metaforicamente realça o significado da fala ou condensa o enigma, de duplo sentido, que desafia o ouvinte. Ao se referir ao mal que a cachaça pode causar ao congadeiro, João Lopes refere-se à bebida como "espada fulminante que tem pra derrubar o congadeiro". Alguns cantares são enigmáticos e da ordem do segredo, pois seu sentido se esconde em imagens que não se deixam decifrar facilmente:

> Eu calcei meu prequetá, auê
> e senti meu ambiá, auê
> viajei pra morro véio, auê
> morro véio qué me virá, auê
> com fumaça dambiá, auê
> eu que viro morro véio, auê
>
> CÂNTICO DE MOÇAMBIQUE

> Ô sereia,
> ô sereia,
> saia do fundo do mar
> venha brincar cá na areia
>
> CÂNTICO DE MOÇAMBIQUE

Essa gunga na beira do mar
balanceia
quem mora no fundo do mar
é sereia

CÂNTICO DE MOÇAMBIQUE

d. O recurso a expressões vocativas, geralmente no final da sentença, por meio das quais o narrador se dirige diretamente ao seu ouvinte, inclui esse mesmo ouvinte no texto narrado, como testemunha do saber pronunciado. D. Maria Ferreira diz em sua fala: "Eu não sou esteio não, esteio é Nossa Senhora do Rosário, minha fia."

Os cantares oferecem uma variedade extensa de recursos linguísticos, figurativos e semânticos. Destacarei apenas o valor simbólico da água, como signo de reminiscência e de evocações da memória do negro, condensadas em cantos que traduzem:

a. Reminiscências da travessia marítima e lembranças das terras de origem:

Envém do mar
envém do mar
povo de Nossa Senhora
envém do mar

CÂNTICO DE MOÇAMBIQUE

Olê Angola
olê Angola
essa gunga vai girar
essa gunga vai girar
correr mundo
ô correr mar

CÂNTICO DE MOÇAMBIQUE

Moçambiqueiro
na beira do mar

ô Senhora do Rosário
ô Coroa!

CÂNTICO DE MOÇAMBIQUE

Moçambiqueiro
é hora
é hora de viajar
ô céu
ô terra
ô ar
moçambiqueiro
na beira do mar

CÂNTICO DE MOÇAMBIQUE

b. Evocação das divindades, na aflição das difíceis travessias:

Zum, zum, zum
lá no meio do mar
Zum, zum, zum,
lá no meio do mar

é o canto da sereia
que me faz entristecer
parece que ela adivinha
o que vai acontecer

ajudai-me, rainha do mar
ajudai-me, rainha do mar
que manda na terra
que manda no mar
ajudai-me, rainha do mar

CÂNTICO DE MOÇAMBIQUE

Foi no meio do mar
que o nego chorou

quando viu Nossa Senhora
saindo das águas
coberta de flor
foi no meio do mar
que o nego chorou

CÂNTICO DE MOÇAMBIQUE

c. Alusão a perigos inusitados e à dor:

Ô, a bandeira
lá no mar balanciou
ô baleia, ô sereia
eu já vou

CÂNTICO DE MOÇAMBIQUE

Chorei, chorá
chorei, chorá
aí eu chorei
pelo balanço do mar
aí eu chorei
pelo balanço do mar

CÂNTICO DE MOÇAMBIQUE

Na tapeçaria de cantos, algumas das mais expressivas aliterações e imagens sonoras são aquelas figuradas na articulação do ôô, do olê, do tilelê e do lelelê, repetidos como refrão em muitos cantares. Sua modulação e seu timbre traduzem um variado prisma de significados, condensando, em seus torneios melódicos, os múltiplos tons nos percursos do negro: o lamento, a celebração, a alegria, a dor, o encantamento, a saudade, a luta, a resistência e a reminiscência:

Ô mi chor'ingomá
ô mi chor'ingomá

ô mi chor'ingomá
gunga de mamãe
mi chor'ingomá

CÂNTICO DE MOÇAMBIQUE

Tilelê, tilelê
ai, ai, ai

"REFRÃO DE CÂNTICO DE MOÇAMBIQUE E DE CONGO"

Reinos Banto em Terras de Y-ata-obá

> Ô, viva o rei
> ô, viva a rainha
> viva as três coroas
> desse nosso imperial
>
> CÂNTICO DE CONGO
>
> E agora, Maria, ocê mais Virgulino
> vai ser Congo desse matão.
>
> JOSÉ BASIL DE FREITAS, REI CONGO

Essa Gunga É de Mamãe: Da Pantana a Virgulino

> Minha mãe não gosta
> de casca de coco no terreiro
> urucum me faz lembrá
> meus irmão
> tempo de cativeiro
>
> CÂNTICO DE MOÇAMBIQUE

De 1932 a 1974, ano em que faleceu, o sr. Virgulino Motta comandou o Reinado de Nossa Senhora do Rosário do Jatobá, região hoje integrada ao município de Belo Horizonte. Todos os anos, no último domingo de agosto, época

1. A carteira de identidade do sr. Sebastião da Silva registra a data de seu nascimento em 25 de outubro de 1895. Membro mais velho da irmandade, teria nascido, entretanto, segundo testemunhos dos parentes e dos moradores mais antigos da região, por volta de 1888. Ele faleceu em dezembro de 1995 com aproximadamente 107 anos, segundo essas fontes. Assistiu ao início dos festejos do Reinado do Jatobá, tendo participado deles, na função de meirinho, até a década de 1960. Gravamos entrevista com o sr. Sebastião em 7 de novembro de 1993 e seu testemunho é a nossa fonte oral mais antiga, em relação à proto-história da Irmandade de Nossa Senhora do Rosário, no Jatobá. A pesquisa de fontes primárias, em arquivos e museus, forneceu-nos registros de nascimento, morte e inventários de alguns proprietários de fazendas da região, fundamentais para o esboço cartográfico da localidade hoje conhecida como Jatobá, onde se localiza a irmandade. Nesse esforço de rastreamento e documentação cartorial e arquivística, contei com a extraordinária colaboração do historiador Alexandre Pereira Daves, que, seguindo minhas interpretações dos registros orais, ajudou-me a localizar, nos arquivos do Museu do Ouro de Sabará, na Cúria Metropolitana de Belo Horizonte, no Arquivo Público Mineiro, na Plambel e em outros centros de documentação, muitas das fontes primárias aqui citadas.

da festa, centenas de devotos se dirigiam para os terrenos do capitão Virgulino, cujo nome, desde 1932, estivera associado ao reinado.

No entanto, os festejos de Nossa Senhora do Rosário na região do Jatobá antecedem à capitania do mestre Virgulino e suas origens se distanciam em um passado mais remoto que, impassível às tentativas cronológicas exatas, só se deixa capturar em raros e preciosos fragmentos enovelados no paiol da memória dos mais antigos. No relato dos mais velhos, as lacunas da memória reencenam os tempos mitopoéticos do narrado, numa delicada tessitura por onde *Mnemosyne* e *Lesmosyne*, a "lembrança" e o "esquecimento", se deslocam e se espelham, velando e desvelando os fios da história.

E é no desalinho da memória que vamos encontrar os registros orais que nos informam a longevidade do reinado e a procedência de seus fundadores.

Ao contrário de muitas irmandades de pretos que surgem em Minas, nos séculos XVIII e XIX, formalmente instituídas com regulamentos e estatutos registrados desde sua fundação, a Irmandade de Nossa Senhora do Rosário do Jatobá institui-se sem vínculos formais com os poderes religiosos ou seculares, só vindo a ser registrada e formalizada, em cartório, em 1976. O rastreamento de sua história, cujo esboço aqui traçamos, baseia-se fundamentalmente na memória oral de seus membros mais velhos, no cruzamento de datas de nascimento e falecimento de reis e rainhas, quando disponíveis, e na minuciosa análise dos inventários dos proprietários das fazendas que, nos séculos XVIII e XIX, ali havia[1].

Da leitura dos códices cartoriais e paroquiais depreende-se que, em meados do século XIX, as terras do Jatobá eram zonas de cultivo de café, milho, arroz, cana de açúcar e de criação de gado. Sua extensão territorial era confluência e divisa das fazendas Pantana, Barreiro, Riacho, Boa Vista,

Olaria e adjacências. Na cartografia atual abrigava muitos bairros hoje pertencentes aos municípios de Belo Horizonte, Contagem, Ibirité e Betim, na zona oeste da capital, denominados como Jatobá, Itaipu, Tirol, Vale do Jatobá, Sol Nascente, Barreiro, Marilândia, Piratininga, Lindeia, Regina. Muitas vezes apenas uma rua separa o pertencimento dos bairros a uma ou outra cidade.

A sede da irmandade situa-se no hoje denominado bairro Itaipu, na imensa região do Jatobá, onde outrora floresciam frondosas árvores de uma fruta porosa de pozinho grudento de cor entre o cinza e o verde limão, de casca dura e formato curioso, o nutritivo jatobá.

No século XIX e até aproximadamente os anos 60 do século XX, toda essa vasta região era nomeada por um só nome comum, Jatobá.

Jatobá, de *Y-ata-obá*, expressão tupi-guarani que designa a árvore frutífera "que tem dura a casca ou a superfície"[2].

Contam os antigos que, nos tempos d'antanho, os tropeiros e viajantes que atravessavam as fazendas da região paravam para descansar e pousar debaixo de uma garbosa árvore de jatobá, nas cercanias da futura Colônia do Jatobá, onde hoje se situa a Escola Estadual Cláudio Brandão, um dos muitos vales nas terras do jatobá. Da seiva da árvore se extraia um licor saboroso que os viajantes apreciavam. Por aquela região se multiplicavam os troncos dos jatobás, nomeando todo um vasto território e mesmo a fazenda mais tarde ali recortada, a fazenda do Jatobá.

Em 1893, a região do Jatobá é citada como o limite oeste do antigo Curral Del Rey, distrito origem da atual capital mineira, Belo Horizonte, fundada em 1897: "Media o seu distrito, de Norte a Sul, isto é, do alto da Serra do Curral ao Ribeirão da Pampulha, dezoito quilômetros; do Nascente ao Poente, ou seja, da fazenda do Freitas ao alto do Jatobá, media vinte e dois quilômetros."[3]

Nas fazendas que prosperaram na região oeste do Curral Del Rey, dentre elas a fazenda Barreiro, a fazenda do Pião, a fazenda Olaria, a fazenda Boa Vista, a fazenda do Riacho, a fazenda Jatobá e, a maior de todas, a fazenda da Pantana, povos benguela, angola, cabinda, congo e

2. A.A. de Souza, *Barreiro*, p. 35. Nelson Coelho de Senna, no *Anuário Histórico-Chorographico de Minas Gerais*, afirma: "O nome Jatobá é indígena e corrompido da expressão tupi y-a-à-obá (o que tem dura a casca ou a superfície), segundo interpreta Theodoro Sampaio." (*Anuário Histórico-Chorographico de Minas Gerais*, p. 254-255).

3. A. Barreto, *Belo Horizonte, Memória Histórica e Descritiva*, p. 167-168.

moçambique construíam os cabedais dos latifúndios e plantavam a riqueza dos proprietários. Como em toda a extensão das Américas escravistas, os negros resistiam, de modos diversos, ao desterro, ao trabalho forçado, à chibata e à violência, enfim, do sistema escravocrata. Histórias de violência e agressividade por parte dos "senhores" latifundiários são muitas. Ainda hoje circulam na boca do povo. Como a história de Matias, um escravo já velho, com mais de sessenta anos, pertencente ao dono da fazenda Barreiro, o major Cândido Brochado. Apesar de naquele ano de 1878 já vigorar a Lei dos Sexagenários, que obrigava a liberação dos maiores de setenta anos, o major Brochado não só descumpriu a lei como ainda vendeu Matias, que fugiu e depois retornou à fazenda para vingar-se:

> As escravas o mantinham escondido nas matas próximas, alimentando-o e informando sobre todos os passos do Major, até que, sabendo de sua viagem a uma localidade chamada Freitas (hoje Pampulha), a caminho de Sabará, aguardou no alto de uma árvore e, caindo sobre sua vítima, desferiu-lhe golpes de machadinha, consumando sua vingança. Algum tempo depois foi encontrado morto na prisão. Isso aconteceu em 1878, dez anos antes da abolição da escravatura.[4]

Como o velho Matias, muitos outros pretos pereceram.

Eram muitas as terras e muitas as pessoas escravizadas, em sua maioria de ascendência banto, advindas do antigo império do Congo, de Angola e de Moçambique. Os inventários arquivados no Museu do Ouro de Sabará atestam essa procedência, arrolando nomes, nacionalidades, idade e seu valor monetário, expresso em réis:

4. A.A. de Souza, op. cit., p. 7.

1796 – Inventário dos bens de Francisca Maria de Jesus, casada com o tenente e guarda-mor João Rodrigues da Silva, falecida sem testamento em 1796, moradora da fazenda da Boa Vista, freguesia do Curral Del Rey.

Relação dos escravizados

NOME	NACIONALIDADE	IDADE	VALOR EM RÉIS
Custódio	Angola	60 anos	20.000
Domingos	Angola	70 anos	16.000
Manoel	Angola	40 anos	30.000
João	Angola	20 anos	40.000
Ventura	Angola	60 anos	Aleijado de um pé e de formigueiro na cara e na garganta
Caetano	Angola	80 anos	Com um queimado no peito e todo inchado
Antônio	Angola	47 anos	50.000
Paulo	Angola	30 anos	20.000
Francisco	Angola	52 anos	30.000
Vicente	Angola	70 anos	25.000
Joaquim	Angola	56 anos	100.000
João Luiz	Angola	40 anos	Morfético
José	Angola	40 anos	100.000
Caetano	Benguela	80 anos	20.000 (inchaço no peito)
Isabel	Angola	52 anos	30.000

São listados, ainda, três crioulos, uma mulata e dois cabras[5].

5. *Crioulo* era a designação dada ao escravizado nascido no Brasil. Arquivo Histórico do Museu do Ouro de Sabará – Casa Borba Gato. Iphan. Fundo Cartório do Segundo Ofício. cso (19)4. Doravante, nas notas desse arquivo, citaremos apenas o último código.

1800 – Inventário de Antônio José Gomes, falecido aos 29 de dezembro de 1800. Fazenda Bandeirinha, Capela Nova do Betim, freguesia do Curral Del Rey.

Relação dos escravizados

NOME	NACIONALIDADE	IDADE	VALOR EM RÉIS
Lourenço	Angola	60 anos	40.000
Casador (Capador)	Benguela	40 anos	130.000
Damião	Angola	35 anos	150.000
Feliz	Angola	25 anos	160.000
João	Angola	25 anos	160.000
Simão	Angola	50 anos	100.000
Pedro	Angola	40 anos	110.000
Joaquim	Angola	20 anos	90.000
Joana	Angola	36 anos	100.000
Ana	Benguela	25 anos	130.000
Francisca	Benguela	8 anos	130.000

E ainda, dois crioulos, Nataria e Geraldo, de dez e dois anos, respectivamente[6].

1820 – Inventário de dona Maria Joaquina de Avelar, falecida em 23 de janeiro de 1820. Fazenda do Riacho, distrito de Contagem, freguesia do Curral Del Rey.

Relação dos escravizados

NOME	NACIONALIDADE	IDADE	VALOR EM RÉIS
Antônio	Calundá	16 anos	180.000
Joaquim	Cabinda	10 anos	165.000
Lourenço	Cabinda	9 anos	160.000
Manoel	Congo	-	95.000
Luis	Cabinda	9 anos	140.000
Pedro Grande	Congo	30 anos	190.000

6. CSO (39)10.

NOME	NACIONALIDADE	IDADE	VALOR EM RÉIS
Pedro Pequeno	Congo	18 anos	200.000
João	Congo	30 anos	190.000
Manoel	Angola	-	120.000
Francisco	Congo	25 anos	200.000
Fidelis	Crioulo	20 anos	180.000
Francisco	Congo-Feijão	-	50.000
João	Congo	22 anos	180.000
Josefa	Cabinda	18 anos	190.000
Isabel	Conga	16 anos	180.000

E ainda, um pardo, quatro crioulos, sendo um de seis meses, "avaliado" em 30.000 réis, e um de um ano, "avaliado" em 96.000 réis[7].

1833 – Inventário do alferes Antônio José de Freitas, casado com d. Pulquéria Pereira de Freitas, falecido sem testamento, em 17 de julho de 1833.

Relação dos escravizados

NOME	NACIONALIDADE	IDADE	VALOR EM RÉIS
João	Cabinda	36 anos	180.000
Silvéria	Monjola	28 anos	420.000
Francisco	Angola	-	cego
Maria	Angola	40 anos	100.000
Francisca	Benguela	25 anos	350.000
Mateus	Moçambique	26 anos	550.000
Antônio	Congo	25 anos	540.000
Joaquim	Monjolo	26 anos	550.000
Miguel	Congo	28 anos	540.000
Rafael	Moçambique	24 anos	560.000
Manoel	Cabinda	24 anos	525.000
Paulo	Congo	24 anos	220.000

7. CSO (19)62.

NOME	NACIONALIDADE	IDADE	VALOR EM RÉIS
Bernardo	Cabinda	26 anos	220.000 (aleijado)
Joaquim	Benguela	40 anos	400.000
Mateus	Congo	34 anos	550.000
José Antônio	Moçambique	24 anos	250.000
Geraldo	Angola	30 anos	550.000
José	Cabinda	-	220.000
Miguel	Monjolo	25 anos	550.000 (520.000)

E ainda, trinta crioulos, uma mestiça, uma parda e seis sem denominação de origem[8].

1840 – Inventário de João Ferreira da Silva, casado com d. Eulália Joaquina do Nascimento. Sítio do Onça, ao pé do Pantana.

Relação dos escravizados

NOME	NACIONALIDADE	IDADE	VALOR EM RÉIS
Pedro	Congo	34 anos	500.000
José	Benguela	32 anos	100.000
João	Congo	30 anos	550.000
Joaquim	Congo	29 anos	550.000
Sebastião	Congo	40 anos	180.000
Mariana	Angola	40 anos	180.000

E ainda, três crioulos[9].

8. CSO (64)14.
9. CSO (72)4.

1861 – Inventário de d. Pulquéria Pereira de Freitas.
Fazenda da Pantana.

Relação dos escravizados[10]

NOME	NACIONALIDADE	IDADE	VALOR EM RÉIS
Albinei	Africano	30 anos	1:900.000
João	Crioulo	20 anos	2:000.000
Joaquim	Mina	25 anos	1:400.000 (aleijado)
Zacarias	Mina	20 anos	1:800.000
Samuel	Africano	35 anos	1:300.000
Boa Ventura	Africano	25 anos	1:600.000
Joaquim	Moleque	60 anos	400.000
Romualdo	Crioulo	58 anos	550.000
Cassimiro	Africano	36 anos	vendido – 400.000
Francisco	Moleque	58 anos	350.000
Miguel	Baçungis	60 anos	400.000
Quintino	Crioulo	12 anos	1:600.000
Jacinto	Crioulo	10 anos	1:500.000
Elias	Crioulo	10 anos	1:500.000
Joaquim (caseiro)	-	8 anos	600.000
Fortunato	Crioulo	36 anos	2:100.000
Bias	Pardo	10 anos	800.000
João de Deus	-	9 anos	800.000
Joaquim	Crioulo	10 anos	1:500.000
Domingos	Crioulo	6 anos	500.000
Bazílio	Pardo	24 anos	2:000.000
Mariano	Pardo	25 anos	2:000.000
André	Africano	20 anos	1:950.000
José	Moleque	28 anos	1:850.000

10. Arquivo Histórico do Museu do Ouro de Sabará. Casa Borba Gato. Ahmos – CBO. Fundo Cartório do Primeiro Ofício de Notas, Arquivo A, Maço 25, Caixa 25.

REINOS BANTO EM TERRAS DE Y-ATA-OBÁ

NOME	NACIONALIDADE	IDADE	VALOR EM RÉIS
Martinho	Pardo	26 anos	1:600.000
Felipe	Crioulo	18 anos	1:650.000
Antônio	Africano	46 anos	1:000.000
Ana Mugunda	Crioula	50 anos	700.000
Maria Vitória	Crioula	30 anos	600.000
Ignês	Crioula	10 anos	1:000.000
Lívia	Crioula	46 anos	1:200.000
Cláudio	Pardo	3 anos	400.000
Íria	Crioula	25 anos	1:800.000
Leocádia	Parda	35 anos	900.000
Angélica	Crioula	17 anos	1:800.000
Ana Rita	Parda	2 anos	1:800.000
Maria	Benguela	30 anos	1:600.000
Lívia	Crioula	13 anos	1:700.000
Eva	Crioula	14 anos	2:000.000
Estevão	Crioulo	14 anos	1:800.000
Gertrudes	Crioula	60 anos	300.000
Delfina	Crioula	40 anos	800.000
Lauriana	Crioula	34 anos	1:600.000

Segundo a tradição oral, foi nas terras da Pantana, uma das maiores e mais ricas fazendas da província, que se iniciaram os festejos de congado e de reinado da região. Os donos da fazenda eram o alferes Antônio José de Freitas e a célebre Pulquéria Pereira de Freitas, a madrinha da Pantana, ambos pardos e pais de dez filhos, Jacinto, Manuel, Anastácio, Antônio, Hilário, Carlota, Joaquina, Eulália, Maria e Anna[11].

O arrolamento dos bens patrimoniais do alferes Antônio José de Freitas revela a vastidão de seus domínios e a extensão da herança de d. Pulquéria. Dentre as muitas terras do alferes, arrolavam-se:

11. cso (64)14.

Terras da Olaria do alto da Maravilha e extremo do Onça e Pintado que levarão a 150 alqueires [...]. Trinta alqueires de campos nas extremas da Onça e Maravilhas, Olaria [...]. Os campos que estão no Capão do Bálsamo até a estrada do sertão até o alto da Serra [...]. Terras da Fazenda que sai pela estrada que segue para Contagem até a estrada do sertão até os capões do Mato Grosso, Barreiro e Bálsamos, Capão dos Porcos, do Urubu até a estrada do Sertão [...]. Terras da Fazenda a extrema da Maravilha até a Olaria ao canal pelo bocaina acima até as candeias extremas do Riacho, estrada do Sertão, as estradas que descem para a Fazenda [...]. Os campos pela estrada que vai para Contagem até a estrada do Sertão e por esta até o extremo do Riacho [...]. O Capão dos Porcos [...]. O Capão dos Bálsamos [...]. O Capão dos Barreiros [...], o campo entre o Capão do Urubu e dos Porcos [...]. Dois capões abaixo do Capão dos Barreiros [...].[12]

Muitas outras terras e bens imóveis são arrolados no inventário, como, por exemplo, "uma morada de casas no arraial de Contagem". A análise dos limites dessa sesmaria nos revela que o alferes detinha um território que, de oeste a leste, iria hoje da região alta do Barreiro (chegando a Nova Lima) aos limites de Betim (antiga Capela Nova) e, de norte a sul, das fronteiras do Riacho aos confins de Ibirité (ex-Vargem da Pantana) e de Sarzedo. Incluía ainda terras do hoje município de Nova Lima e da região da Pampulha, em Belo Horizonte.

Nesse vasto domínio, os registros ainda não mencionam a fazenda Jatobá, possivelmente desmembrada dessas terras, como dote ou herança, após o falecimento do alferes. Com efeito, a menção mais antiga à fazenda Jatobá aparece em 1855, quando todos os proprietários da província de Minas Gerais são obrigados a registrar suas terras, cumprindo o disposto na Lei 601, sancionada a 18 de setembro de 1850 e regulamentada pelo decreto n. 1318 de 30 de junho de 1854. Nesses registros, a fazenda Jatobá aparece como divisa das fazendas Barreiro (de Dâmaso da Costa Pacheco), Olaria (de João Damasceno) e Pantana (de Pulquéria Pereira de Freitas). D. Clara

12. CSO (64)14.

Maria da Conceição declara-se em 3 agosto de 1855 proprietária da fazenda Jatobá, nos termos seguintes:

> Dona Clara Maria da Conceição em observância ao disposto no artigo noventa e hum à Ley de Registros e terras declara que possue nesta freguesia do Curral Del Rey huma Fazenda de Cultura denominada Jatubá, cujas terras dividem com as do Coronel Damazo da Costa Pacheco, João Damasceno, do Capitão José Maria de Oliveira e da Fazenda do Pantana à qual Fazenda levará duzentos e quarenta alqueires de planta entre cultura e campos. Curral de El Rey, dous de Agosto de Mil Oitocentes e Cinquenta e sinco. A rogo da sobredita, Damazo da Costa Pacheco. He o que continha na dita cédula que aqui copiei. C. de El Rey, 3 de Agosto de 1855.[13]

Os registros de d. Pulquéria, relativos à Pantana, corroboram a existência, em meados do século XIX, da fazenda Jatobá:

> Declaração que fazem em cumprimento da Lei, D. Pulquéria Pereira Freitas, com filhos, e Genros da Fazenda Pantana.
> Os abaixo assinados declarão que possuem nesta paróquia, a Fazenda Pantana que se compõem de Matos, Capoeiras, Campos, leva novecentos alqueires de planta de milho, o qual divide pelo nascente com a Fazenda Jatobá, pelo sul com a Serra de José Vieira, pelo poente com as Fazendas Mato Grosso, e Maravilha, Onça, e pelo norte com as Boa Vista, Pintado, e Riacho. Pantana, 5 de mço de 1856. Por mim a rogo de D. Pulquéria Pereira de Freitas — José Cândido Dias Diniz. Manoel José de Freitas; Hilário José de Freitas; Joaquim Francisco Alves; Eulália Joaquina do Nascimento; Antônio José de Freitas. E nada mais continha a dita declaração q'me foi apresentada aos 9 de Março de 1856.[14]

No inventário de d. Pulquéria arrola-se, também, "Hum dito estreito do Capão do Jatobá seguindo a estrada para esta fazenda, por um outro lado até o vale do alto da mesma"[15].

13. Arquivo Público Mineiro. Livro de Registros Paroquiais, n. 67, folha 6 (C.F.RP67-ph.6).
14. Arquivo Público Mineiro. Centro de Documentação Mitra. Livro de Registros Paroquiais. Paróquia de São Gonçalo de Contagem, n. 61, 1855-1856, registro n. 17, folha 5, e registro n. 21, folha 6.
15. Arquivo Histórico do Museu do Ouro de Sabará. Casa Borba Gato. Ahmos – CBO. Fundo Cartório do Primeiro Ofício de Notas, arquivo A, março 25, caixa 25.

Morto o alferes em 1833, d. Pulquéria torna-se uma das mais ricas proprietárias de terras e cabedais de Minas, conforme comprova o inventário de seus bens, realizado em 1861. A "madrinha da Pantana" chegara a possuir, além da fazenda da Pantana, com novecentos alqueires, a fazenda Mato Grosso, de duzentos alqueires[16]. Era ainda proprietária das terras onde hoje se localiza a Mina de Morro Velho, em Nova Lima, arrendadas ou vendidas aos ingleses. Ao falecer, em 1860, d. Pulquéria foi enterrada na capela-mor da Igreja Matriz de Contagem, local privilegiado geralmente só ocupado pelos prelados da Igreja e pelas figuras mais importantes da época: "Aos trinta dias do mês de Septembro de mil oitocentos e sessenta annos falecendo com todos sacramento Dona Pulquéria Pereira de Freitas, parda, viúva maior de setenta annos, foi solenemente accompanhada, encomendada, e sepultada na Capella Mor desta Matriz da Contagem."[17]

De fins do século XIX ao início do século XX, com a morte dos antigos proprietários e a subsequente partilha e venda dos seus bens, toda a região fragmentou-se e os grandes latifúndios pouco a pouco desapareceram.

Em 1899, parte expressiva da região do Jatobá é arrolada como propriedade de dona Francisca Silveira da Costa, que, após sua morte, tem os seus bens inventariados por um de seus filhos, Francisco Firmo de Matos. Nesse inventário, são listadas as propriedades de d. Francisca nessa área:

> Seis mil duzentos e noventa e dois ares de terra de cultivo no Jatobá, dentro das vallas, avaliadas a cento e sessenta e quatro réis cada hum are e todos eles por dispor hum conto e trinta e hum mil e oitocentos e oitenta e oito réis (fl. 33).
>
> Dois mil quatrocentos e vinte ares de campos no mesmo lugar, avaliados a cinquenta e dois réis a ara, e todos por cento e vinte e cinco mil oitocentos e quarenta réis (fl. 34).
>
> Uma chácara de café no mesmo lugar, avaliada por quinhentos mil réis (fl. 34).[18]

16. Arquivo Histórico do Museu do Ouro de Sabará. Casa Borba Gato. Ahmos – CBO. Fundo Cartório do Primeiro Ofício de Notas, arquivo A, março 25, caixa 25.

17. Cúria Metropolitana de Belo Horizonte. Centro de Documentação e Informação. Cedic/BH. Livro de Óbitos, Paróquia de São Gonçalo de Contagem, 1857-1886, folha 30.

18. Arquivo Histórico do Museu do Ouro de Sabará. Cartório do Primeiro Ofício de Notas. Caixa 46, folhas 33 e 34. Observe-se que cem ares equivalem a um hectare e um are a quatrocentos m2.

Casada em segundas núpcias com Antônio Ferreira Prado, d. Francisca deixou, no entanto, filhos e herdeiros do primeiro casamento: Maria Alves Firmo da Costa, Francisco Firmo de Matos, Bárbara Augusto de Matos, Maria Francisca, Ana Cândido de Matos e Rita Cândido de Matos. Na partilha dos bens, o então esposo, Antônio Ferreira Prado, avoca a si o direito de herdar, além de parte dos imóveis no Riacho, "a outra metade dos mesmos bens, o cafezal do Jatobá"[19].

Em 1909, uma parte da antiga fazenda do Jatobá é adquirida pelo Estado para instalação da Colônia do Jatobá, na Várzea Grande, onde se instalam colonos europeus (franceses, italianos e alemães). No alto do Jatobá, a fragmentação territorial avançava.

Em 1919, as terras do Jatobá são atravessadas pelos trilhos do trem de ferro. Vindo do Funil, passando pela antiga Vargem da Pantana, a maria fumaça embarca e desembarca passageiros na pequena Estação do Jatobá, refazendo no seu itinerário o percurso e as travessias do reinado:

> Aproximando-se, deixando Sarzedo, o trem cortava os córregos de Peroba e Cachoeira Alta, no quilômetro 602,860 atravessava a ponte do Engenho Seco sobre o córrego Tabatinga. Onça – km 606,571 – nome do córrego atravessado pela linha. Ibirité – (Ibira, pau, árvore, toro, tronco, etê, grande, verdadeiro) – está situado na sede do distrito do mesmo nome, outrora Vargem do Pantana. O trem vem, passa sob uma ponte que liga as abas de pequeno corte e atravessa adiante o córrego Rola-Moça pela ponte das Parcas. Arqueja vencendo a rampa exaustiva do divisor das águas do Paraopeba e do rio das Velhas e atinge aquele divisor na garganta do Novato, onde é transposto o túnel do Jatobá. Seiscentos metros depois, a estação. Jatobá [...] Y-ata-obá [...].[20]

Nessa época, o Jatobá pertencia ainda à Vargem da Pantana, que desde 1919 integrava o município de São Gonçalo de Contagem. Nesse ano, o povoado do Jatobá contava com "58 habitações e 334 habitantes". Em 1938, a Vargem e seus povoados (Onça, Jatobá e Maravilha) passam a integrar o

19. Arquivo Histórico do Museu do Ouro de Sabará. Cartório do Primeiro Ofício de Notas. Caixa 46, folhas 33 e 34.
20. A.A. de Souza, op. cit., p. 35.

recém-criado município de Betim, antiga Capela Nova. Em 1962, a Vargem da Pantana conquista autonomia como município sob a designação, já popular desde o início do século xx, de Ibirité[21].

Na década de 1920, quem ia de Belo Horizonte para Ibirité (ex-Vargem da Pantana) deparava-se, depois do túnel do Jatobá, à sua direita, com uma bela casa, localizada em terras onde outrora florescera a fazenda Jatobá. Os campos ainda eram vastos e por eles pastavam búfalos, importados da Europa. Era o sítio do Túnel, de propriedade de Chico Novato, apelido de Francisco Salles Barbosa, casado com d. Eulália Maria de Freitas. Ele, alto, português imigrante; ela, baixa, preta, bisneta da lendária madrinha da Pantana, d. Pulquéria Pereira de Freitas. D. Eulália era filha do sr. João Ferreira de Araújo e de d. Pulquéria Maria de Freitas[22]. Essa última era, possivelmente, a filha mais jovem de d. Eulália Joaquina do Nascimento, que, por sua vez, era filha de Pulquéria Pereira de Freitas e do alferes Antônio José de Freitas[23].

O terreno dos Barbosa atravessava a ferrovia e chegava ao atual Vale do Jatobá. Em 1929, falece d. Eulália e em 1930, Chico Novato. Parte de suas terras é herdada por um dos filhos, Vanderlei Salles Barbosa, casado com d. Juvercina Realina de Jesus. O sítio Jatobá, ou sítio do Vândi, ficava à esquerda da estrada que vinha de Belo Horizonte, e era uma das últimas reminiscências da antiga fazenda Jatobá. Nos anos 1970, o sítio foi desapropriado pelo Estado para a edificação do recente Distrito Industrial do Jatobá.

Região fronteiriça entre três municípios, Contagem, Ibirité e Belo Horizonte, os limites do Jatobá guardam ainda as consequências dessa confluência. Alguns bairros da região pertencem a Ibirité, outros a Contagem e a Belo Horizonte. O atual bairro Itaipu, onde se localiza hoje a capela do Rosário e a sede da irmandade, já pagou tributos a Betim, Contagem e Ibirité, confinando-se, posteriormente, ao município de Belo Horizonte. Antes de tornar-se Itaipu, já fora Grota do Jacaré, Vila Jardim Barreiro e Piratininga.

21. G. Fonseca, *Contagem Perante a História*, p. 291-292.

22. Cúria Metropolitana de Belo Horizonte. Centro de Documentação e Informação. Cedic/BH. Livro de Batismos, Paróquia de São Gonçalo de Contagem, 1854-1871, folha 69.

23. Batizada em 5 de outubro de 1866 pelo padre Francisco de Paula e Silva (Livro de Batismo da Paróquia de São Gonçalo de Contagem, de 1854 a 1871, folha 69), Eulália Maria de Freitas é filha de Pulquéria Maria de Freitas e João Ferreira de Araújo. Em 25 de julho de 1884, já casada com Francisco de Salles Barbosa, batiza sua filha Maria, nascida em 1 de julho de 1884, que teve por padrinhos os avós maternos (Livro de Batismos da Paróquia de São Gonçalo de Contagem, de 11 de nov. de 1882 a 4 de fev. de 1889, livro n. 4, registro n. 20). A análise dos registros de batismo da época, dos livros de óbitos e dos inventários da família parece comprovar que Pulquéria Maria de Freitas é uma das filhas de Eulália Joaquina do Nascimento e João Ferreira da Silva, conforme o inventário

Até fins dos anos 1970, à direita do sítio do Vândi, em linha paralela à estrada que vinha de Belo Horizonte, hoje avenida Júlio César de Mesquita, uma outra gleba se destacava: o sítio de Virgulino Motta, capitão da Irmandade de Nossa Senhora do Rosário. A propriedade fora adquirida aos poucos, de seus ex-proprietários, os Severiano, os Rocha, os Loreano.

Esses dois sítios, o do Vândi e o de Virgulino, mantiveram por décadas uma vizinhança histórica e de laços emblemáticos, pois, no passado mais remoto, todas aquelas terras fizeram parte da sesmaria do alferes Antônio José de Freitas. Além disso, o reinado que Virgulino Motta liderava viera de Ibirité, a ex-Vargem da Pantana, tendo sido iniciado na fazenda da Pantana, comandada com punhos de ferro pela tataravó do sr. Vândi, a memorável senhora parda, filha de escravos, d. Pulquéria Pereira de Freitas. O segundo rei congo do Reinado do Jatobá, José Basil de Freitas, era, também, parente afastado dos senhores da Pantana. No Jatobá, as linhagens de parentesco e de tradição se misturam e se confundem, ecoando o canto do congado:

Essa gunga é de papai
essa gunga é de mamãe
essa gunga é de vovó
quando chega no Rosário,
essa gunga é uma só

Na sede da fazenda da Pantana havia uma pequena capela[24]. Era ali que, possivelmente, os pretos, desde muito longe, celebravam o Reinado do Rosário. Os batuques, os catumbis, os candombes seriam performados nas senzalas, ou nas sombras das matas, reminiscências reatualizadas de suas terras de origem e de seus ritos e divindades. Por todas as Minas, os reinos negros eram uma tradição de raiz e não havia embargo que abafasse a voz dos congos nesses grotões gerais[25].

Na época da festa do Rosário, celebrada possivelmente em outubro, negros forros e seus descendentes deviam se

deste último, falecido em 1840 (CSO [72]4). Eulália Joaquina do Nascimento, por sua vez, é filha do alferes Antônio José de Freitas e de Pulquéria Pereira de Freitas, o que se comprova nos inventários encontrados no Arquivo do Museu do Ouro de Sabará (CSO [64]14).

24. Essa informação é atestada pelos livros de batismo do século XIX, relativos à Paróquia de São Gonçalo de Contagem, arquivados na Cúria Metropolitana de Belo Horizonte, que mencionam os batizados coletivos realizados na capela da Pantana.

25. A partir de meados do século XIX, a Igreja Católica, por meio de éditos papais, tenta, sem sucesso, proibir as cerimônias de coração dos reis negros e a realização dos festejos, considerados, então, profanos.

deslocar para a Vargem da Pantana para celebrar Undamba Berê Berê, a Senhora das Águas, a Virgem do Rosário. Também em Capela Nova de Betim e em São Gonçalo e Contagem assim se fazia.

Na origem de sua história, o Reinado de Nossa Senhora do Rosário era realizado na Vargem da Pantana, na fazenda de D. Pulquéria, hoje Ibirité, e contava com a participação efetiva do povo do Jatobá, então um pequeno arraial, da fazenda do Jatobá, da fazenda do Barreiro e seus arredores. Pessoas então escravizadas, alforriadas e livres participavam dos festejos em Ibirité. Segundo o testemunho oral, a cisão entre os reinadeiros do Jatobá e o Reinado de Ibirité teria acontecido na antepenúltima década do século XIX, fruto de desentendimentos entre capitães. O célebre Malaquias, conhecido como Malaquinhas do Formigueiro, capitão de congo do Jatobá, líder da dissidência em Ibirité, funda um novo Reino no Jatobá.

O sr. Sebastião dos Santos, membro da Irmandade de Nossa Senhora do Jatobá desde sua fundação, ao ser arguido em 1993 sobre se o Reinado do Jatobá tinha mais de cem anos, respondeu: "Mais de cem anos: Sei não! [...] Essa festa foi começada [...] foi começada em sociedade com Ibirité, um moçado de Ibirité, um moçado de Jatobá. E quem inventou essa festa foi Malaquinho. Esse Malaquinho foi um nego véio, daqueles da tribo, né? É [...] Malaquinho, eu conheci ele. Conheci muito pouco, mas conheci."[26]

A sociedade com Ibirité implicava a permuta dos reis festeiros, pois "ele lá [Malaquinhas] dava um ensaio, botava um rei de Ibirité e uma rainha daqui do Jatobá. Aí trocava, botava uma rainha de lá e um rei daqui. Todo ano era assim!"[27]

Malaquinhas do Formigueiro, segundo nosso narrador, era muito implicante. Na penúltima década do século XIX, durante uma cerimônia em Ibirité, na casa de Jorge Guarda-Chaves, esposo da rainha, surgiu uma discussão. Malaquinhas queria tomar a coroa da rainha e foi impedido pelo sr. Jorge. O sr. Sebastião, rapaz na época, lá estava com a turma do Jatobá e participou do quiproquó:

> eu era empregado nesse tempo já, antão nóis ia pra Ibirité. Esse Malaquinho era muito implicado, né? Muito

26. Sr. Sebastião dos Santos, entrevista realizada em 7 de novembro de 1993.
27. Ibidem.

implicado, porque ele gostava de tirar umas cantigas daqueles cardume véio [...] e implicavam com ele e aí vinha até uma discussão. Teve um belo dia que marcaram um ensaio pra casa de um [...] tal de Jorge Guarda-Chaves, você já ouviu falar nele? E já então disse que eles tinha combinado de tomar a coroa dele, de tomar o lugar dele. O Malaquinho [...] eu não sei não, o que eu sei é que um fala, outro fala, outro fala, formaram uma brigaiada lá, sô, que a coisa tava feia [...] eles querendo avoar no Malaquinho lá e dar no Malaquinho. Porque o Jorge Guarda-Chaves disse que eles tinha ido buscar a coroa da mulher dele e ele não entregava e a mulher dele é que era rainha, ele não entregava e tava aquela bosoca lá.[28]

Raivoso, Malaquinhas, um grande líder, "africano da tribo", convoca a nação do congo e parte o Reinado da Pantana ao meio. Um outro reino, o do Jatobá, se funda e uma genealogia de reis e capitães ergue sua corte nos capões de Y-ata-obá. Nunca mais, desde esse ato divisor, os reinos negros de Ibirité e de Jatobá serão um só, ainda que por muitos e muitos anos se visitem[29]: "Aí o que o capitão fez foi sair pra lá fora e bater o pito na boca e chamar o pessoal e o pessoal acomodando. Ele partiu o povo e aí nóis viemo embora. Aí, depois desse belo dia, partiu tudo que tinha na festa. Desceu [...]. arrumou o rei, né? E aqui também arrumou rainha, e fez a festa."[30]

O mestre fundador do Reino do Jatobá, Malaquinhas do Formigueiro, já era um homem velho quando "partiu o povo". Era baixo, magro e tinha o rosto todo coberto por cicatrizes, consequência, quiçá, de chicotadas recebidas no tempo da escravidão: "A cara dele era tudo marcada, como quem apanhou muito. Ele tinha as marcas igual foi de pancada, né? A cara toda vesgada, toda cheia de muxibas [...] com o nariz pernalonga não aparecia muita coisa não, né?"[31]

Se vinha do Jatobá, é provável que fosse nascido em uma das fazendas da região. O sr. Joaquim Ferreira, pai de d. Maria Ferreira e do sr. José dos Anjos Ferreira, fora capataz

28. Ibidem.
29. Em 1950, os laços de novo se estreitam, com a coroação de d. Niquinha, Maria Belmira da Silva, moradora de Ibirité, como rainha conga do Jatobá. Até sua morte, em 1994, ela portou as coroas dos reinos de Jatobá e de Ibirité.
30. Sr. Sebastião dos Santos, entrevista realizada em 7 de novembro de 1993.
31. Ibidem.

na fazenda Pião, dos Brochado[32]. Ali, segundo o falecido rei congo, sr. José dos Anjos Filho, seu pai José dos Anjos Ferreira aprendeu a falar em africano, com negros ex-escravos que trabalhavam nas roças e lavouras da região, sendo um dos seus mestres o arisco Malaquinhas[33].

Após a separação de Ibirité, Malaquinhas constitui, pois, o novo Reinado do Jatobá, coroando como reis congos o sr. José Laureano, antigo morador da região, e d. Dodora, que vivia no Capoeirão, atual bairro Regina. Segundo todos os testemunhos recolhidos, foi esse o primeiro par de reis congos no Jatobá, inaugurando os festejos do lugar. José Basil de Freitas, avô da rainha conga, d. Leonor Pereira Galdino, um dos mais tradicionais habitantes daquela região, parente afastado de d. Pulquéria Pereira de Freitas, participava ativamente dos festejos, ocupando o cargo de general, ordenança do rei congo.

Em 1910, o sr. José Laureano, já muito avançado na idade, passa a coroa de rei para o sr. José Basil de Freitas, que, ao assumir esse cargo, consolida sua liderança e hegemonia. Ao lado de d. Dodora, José Basil reinou por 36 anos.

Poucas notícias se tem de Malaquinhas após a fundação do Reino do Jatobá. Sabe-se apenas que teve um fim emblemático. Variou a cabeça e saia pelos matos. Morreu sozinho, varado de chuva, tocando seu tambor: "Eu me lembro, ele ficou meio doido. Eles acharam ele morto. Ele saía com uma caixa, batendo lá pros matos, saía lá pros matos, batendo caixa […] e então ele desceu lá pro Sumidô […] aquele buraco, Sumidô [Sumidouro]. É […] ele desceu pra lá batendo essa caixa e quando foi de noite deu uma chuva de pedra, uma chuva muita braba e essa chuva matou ele lá no buraco. Eles acharam ele lá."[34]

Com a morte de Malaquinhas, mestre fundador, José Basil de Freitas passa a chefiar o reinado. "Mandava em tudo", conta o sr. Sebastião. Desses tempos não há registros escritos e é a memória dos mais velhos que retece a oralitura do ciclo proto-histórico.

Até fins da segunda década do século XX, não havia nenhuma capela naquelas redondezas. Muitas crianças

32. D. Maria Geralda Ferreira, entrevista realizada em 14 de novembro de 1993.

33. Sr. José dos Anjos Filho, entrevista realizada em 6 de fevereiro de 1994. Nos livros de batismos do séc. XIX, relativos à paróquia de São Gonçalo de Contagem, arquivados no Centro de Documentação e Informação, Cedic/BH, da Cúria Metropolitana de Belo Horizonte, localizei três registros de batizado de crianças nomeadas Malaquias, filhos de escravos e nascidos na segunda metade do séc. XIX, em fazendas da região, dentre elas a fazenda Pião, dos Brochado. Foi-me, no entanto, impossível confirmar a hipótese, que considero muito plausível, de ser uma dessas crianças o célebre Malaquinhas do Formigueiro, fundador do reino negro do Jatobá.

34. Sr. Sebastião dos Santos, entrevista realizada em 7 de novembro de 1993.

nascidas na região eram, eventualmente, batizadas em bloco na casa do sr. Antônio Ferreira, e outras nem batizadas eram[35]. Em 1917, é construída uma capela, no alto da Boa Vista, em terras da antiga fazenda Boa Vista, atual Lindeia, onde, por muitas décadas, os habitantes do Jatobá iam rezar novenas e celebrar o mês de Maria. Em 1919, o sr. Francisco Salles Barbosa, Chico Novato, construiu em sua propriedade a capela de Santo Antônio, cumprindo uma promessa. As relações do congado com o clero eram conturbadas e a Igreja Católica não permitia que os congadeiros celebrassem suas cerimônias no templo. Os festejos eram, assim, realizados nas casas dos reis e capitães e, esporadicamente, ao redor do cruzeiro, no adro das capelas.

Em 1932, Virgulino Motta assumiu a capitania maior do Reinado do Jatobá, como desfecho de outra grande crise no reino. Inicia-se com Virgulino um novo ciclo dos reinos banto em terras de Y-ata-obá. Sob seu comando e hegemonia, o reino cresce, ganha majestade e ascendência em Minas. Em 1949, com a contribuição dos moradores do lugar, ergue-se a capela do Rosário, em sua propriedade, inaugurada com pompas em 1950. Sob a batuta de Virgulino Motta e de d. Maria Ferreira têm início os tempos históricos do reino negro do Jatobá, com o registro datado de lendários reis, rainhas e capitães que marcaram época, a formação de uma corte hierarquicamente bem organizada, podendo-se, com segurança maior, desfiar a cronologia dos mestres que fundamentaram as tradições, negros sacerdotes do Rosário, os sábios *anganga muquiche*.

Anganga Muquiche

Capitão Virgulino, Mestre do Reinado

> Chora gunga di camburetê
> okunda di suerê
> meu povo di Moçambique
> no gunga agora quero vê
> auê
> CÂNTICO DE MOÇAMBIQUE

35. Ver livro de batismo, paróquia de São Gonçalo de Contagem, 1904 a 1911, folhas 50 a 52. Cúria Metropolitana de Belo Horizonte, Centro de Documentação e Informação. Cedic/BH.

Os ouvidos mais atentos contam que ainda hoje, quando se aproximam as vésperas da festa do Reinado do Jatobá, pode-se ouvir o rumor das caixas dos antigos, rufando no local onde ficava a primeira capelinha do Rosário, inaugurada em 1950 e demolida em 1985. Os antigos, e mesmo os mais novos, ouvem, e alguns até veem, os velhos capitães, reis, rainhas, celebrando seus ritos, chamando para o reinado que vai recomeçar. No penúltimo domingo do mês de agosto, que antecede em uma semana o domingo da festa maior, o Mastro do Aviso é levantado, às 18 horas. A bandeira é buscada pelo cortejo solene na casa do rei congo. O mastro anuncia a festa que vai começar dali a sete dias, conclamando os vivos e os antepassados para o ato sagrado e para os festejos daquele ano. É hora de levantar bandeira, de reunir as energias positivas aos pés do cruzeiro, de alumiar o Rosário de Maria.

O levantamento dos mastros é um ato litúrgico que galvaniza as forças telúricas dos vivos, dos mortos, de seus descendentes, firmando o terreiro para o bom andamento dos festejos. Segundo d. Maria Ferreira, "o mastro dá sinal, se vai haver alguma coisa errada naquele ano [...] o mastro treme [...], tomba de lado, ele deixa a aba dele cair no chão [...], o mastro treme, se a gente põe a mão no mastro a gente sente o mastro tremer. O mastro tem muitos significados, o mastro dá vida e tira vida do congado [...]"[36].

Os antepassados presentificam-se e são evocados, pela memória, no ato que também a eles se dirige, no *continuum* de uma celebração que remonta a tempos imemoriais. O conhecimento e o saber vêm desses antepassados, ancestrais cuja energia revitaliza o presente. Os mais antigos lembram e rezam em silêncio por essas presenças, numa galeria de mestres, capitães, sacerdotes do rosário, *anganga muquiche*s como capitão Virgulino, capitão Edson Tomaz dos Santos, capitão Claudionor, José Basil, capitão Franquelino, capitão João Marciano, capitão Belmiro, capitão Juvenal, capitão Dimas, reis e rainhas também já falecidos como Chico Lopes, d. Niquinha, d. Cininha.

De 1932 a 1974, quando faleceu, o sr. Virgulino Motta, mestre maior da irmandade e seu antepassado mais celebrado, comandou os festejos de Reinado do Jatobá. No dia 1º de novembro

36. D. Maria Ferreira, entrevista realizada em 14 de novembro de 1993.

de 1974, seu esquife já adentrava os portões do cemitério de Ibirité e, lá no Jatobá, a quase cinco quilômetros de distância, carros, ônibus e caminhões ainda saíam para acompanhar o enterro. Centenas de pessoas se acotovelavam no centro de Ibirité, na ladeira que conduz ao cemitério e no próprio cemitério para acompanhar o cortejo fúnebre. Reinadeiros de toda Minas Gerais enviaram seus representantes, reis, capitães, dançantes, para homenagear o grande capitão.

Aos pés da ladeira que leva ao campo santo, as guardas se formam, todas vestidas de branco, paramentadas para o enterro do *anganga muquiche* de todos. Os tambores soam, a gunga gira, pois na morte também a ingoma canta. Fora esse o último desejo do capitão ao filho João Lopes, no hospital: "Não quero que ninguém faça nenhum enterro chorando, eu quero no meu enterro que você vai reunir meu pessoal da Irmandade de Nossa Senhora do Rosário do Jatobá, a Irmandade dos Arturos de Contagem e de todos os meus conhecidos congadeiros pra acompanhar no enterro [...]. E eu quero as minhas duas guardas batendo, puxando o meu caixão."[37]

A ladeira é íngreme. Fecha-se um ciclo da festa, em Ibirité, terra de onde veio o congado do Jatobá, terra de antigos capitães, a velha Pantana. Muitos capitães e mestres famosos, de várias regiões mineiras, estão presentes, acompanhando as guardas e ladeando o esquife. Mas é João Lopes, então segundo-capitão de moçambique, que ordena às caixas que batam o toque "serra-abaixo" e que tira o canto que vai levar o pai:

> Ôo papai
> sua mãe tá te chamando
> ôo papai
> sua mãe tá te chamando

Na pulsação lenta, densa e grave do "serra-abaixo", a gunga chora, chora ingoma e torna a chorar. Solenes, lacrimosos, caixas, gungas, patangomes, reco-recos e o coro de todas as vozes ressoam ladeira acima, devagar, como é de feitio do moçambique, sempre devagar. Mais tarde, já próximo à sepultura, o filho-capitão, tomado pela emoção,

37. João Lopes, entrevista realizada em 5 de dezembro de 1993.

chora. Então o grande capitão Edson Tomaz dos Santos, amigo de Virgulino, também ele um dos mais respeitados mestres do reinado em toda Minas, figura já então lendária no Rosário, pega o bastão e comanda o canto ritual. Tira um cantar gutural, rouco, em tom de lamento:

> Oô, oô, oô
> oô, oô, oô
> chora ingoma
> olha torna chorá
> gente
> oô, oô,
> oô, oô, oô

Morto o capitão Virgulino Motta, patriarca da irmandade, fecha-se um ciclo no reinado que veio lá das terras da Pantana. No século XIX, Malaquinhas do Formigueiro comandara a cisão, partira o povo ao meio, fundando o Reino do Jatobá. O primeiro par de reis fora João Laureano e d. Dodora. Morto Laureano, José Basil de Freitas, coroado rei congo em 1910, liderava os festejos. O comando de Virgulino advém de outra cisão interna, narrada com detalhes pelos mais idosos.

Foi em 1932. José Marciano, de Ibirité, era o primeiro-capitão do moçambique. José Basil e d. Dodora eram os reis congos. Virgulino, casado com d. Maria Ferreira, tocava viola na guarda de congo. Era um tempo de muita miçanga, de muita ingrisia. Capitães vinham de longe desafiar uns aos outros, mandingavam, botavam os mais fracos para dormir. Era tempo de muita demanda, conforme relata o sr. Sebastião:

> Aí chegava a festa, era o seguinte, quando chimbaí fazia a
> festa vinha aqueles muambero de todo lado, com
> a trofiada[38] que aqueles capitão mesmo sabia, né?
> Então, vinha aqueles muambero de longe, não é
> igual hoje, que hoje não tem, né?
>   Acabou, né?
>   Acabou aquilo.

38. As palavras *trofiada*, *trofiar* e *trofia* são usadas pelo entrevistado, à época com mais de cem anos, com sentidos relacionados à atrofia, imobilização ou paralisação que podia ser provocada em outros por aqueles que tinham esse poder, designados por ele como *muambero*.

Então vinha de longe, viajava longe pra trofiá, pra ver se sabia mais do que eles, porque se eles não soubesse mais do que eles, eles arreava a festa ali, em qualquer lugar, tocava a muamba era ali, né?

Não deixava a festa romper, né?

Parava a festa. E aí, fazia aquela trofia e tocava um feitiço na rainha e no rei e era matado, era trofia mesmo.[39]

Naqueles tempos, Virgulino Motta era apenas alferes de guia e tocador de viola no Congo. José Marciano, muito "murrinha" e encrenqueiro, era capitão do moçambique. Nesses idos, todas as celebrações realizavam-se nas casas da rainha conga e dos reis festeiros, porque havia litígio com o clero, que proibira as cerimônias nas igrejas. D. Dodora e sr. José Basil, reis congos, comandavam os festejos.

Em 12 de outubro de 1932, as guardas de congo e moçambique iam entregar as coroas na casa do sr. José Graciano e na casa do sr. Juscelino. O sr. Juventino Venâncio, irmão de Claudionor, capitaneava o congo, e José Marciano, o moçambique. Surgiu, então, uma discórdia na guarda de moçambique e seu chefe, José Marciano, jogou o bastão no chão, ato de conotação grave na simbologia do reinado, por ser o bastão investido de poder na condução dos rituais. D. Maria Ferreira, esposa de Virgulino, relembra, "como se fosse hoje", o gesto do capitão, que estabelece uma nova gênese do reinado na comunidade:

> E então Zé Marciano, que era chefe de moçambique, ele teve uma desconcorda lá dentro das guarda, eu não sei por que que foi, e ele pegô o bastão dele e jogô na frente, entre a coroa e a guarda de congo [...]. Então [o moçambique] parô, a guarda do congo seguiu e as coroa ficô parada, o lançadô falô assim como se fosse um monte de galinha seno jogado fora e esparramado e largô o bastão no chão.[40]

José Basil, o rei, fixa o olhar em d. Maria e lhe ordena que pegue o bastão e os acompanhe. Segundo o sr. Sebastião, José

39. Sr. Sebastião, entrevista realizada em 7 de novembro de 1993.

40. Ibidem.

Basil tinha muita autoridade e era "o que mandava no Jatobá". Antes de assumir a função de rei congo, havia sido general, "a ordenança do rei congo", seu substituto imediato em qualquer necessidade eventual. É descrito pelos mais velhos como sendo alegre e comunicativo: "Ah, José Basil era um homem esparramado [...], às vezes estava conversando baixo [...] numa distância daqui na casa dele a gente escutava. Ele era muito alegre. Fazia umas orações bonitas, né? É! Tinha uma voz boa."[41]

José Basil convenceu d. Maria a acompanhar as coroas até sua casa. Ali, após ser descoroado, ele colocou a coroa aos pés de Nossa Senhora do Rosário, numa pequena mesa da sala. A guarda do congo ainda batia à sua porta, quando o velho rei pediu a Maria que lhe desse o bastão, revelando sua determinação de atribuir a ela e a Virgulino a responsabilidade de guiar os congos daquele lugar, tornando-os guardiães "de uma nação inteira":

> Ele colocou a coroa no pé de Nossa Senhora do Rosário e virou e falou comigo: Então me dá o bastão, Maria. Eu dei a ele o bastão, ele pôs o bastão encostado em Nossa Senhora do Rosário assim [...] e me pôs a mão no ombro e me falou assim: e agora, Maria, daqui por diante, ocê mais Virgulino vai ser congo desse matão. Falei: Eu, seu Zé, o senhor tá doido! É sim, minha fia, ocê é o esteio e o Virgulino vai tomar conta desse bastão, se ele aceitá.[42]

Quando a guarda descansou os instrumentos, o sr. José Basil pediu que todos entrassem na salinha e perguntou a Virgulino "se ele era capaz de pegar aquele bastão e manobrar a guarda de uma nação inteira". Ao que o jovem respondeu: "Ô, senhor José Basil, se Nossa Senhora me achar que sou suficiente, me dar vida e saúde, enquanto eu viver eu tenho certeza que eu manobro."[43]

"Ocê toma conta, Virgulino?", perguntou ainda José Basil, ao que Virgulino reafirmou que sim. A partir daí, inaugura-se uma nova genealogia e uma nova estrutura na realização do reinado negro na região do Jatobá, já sob a organização e o comando

41. Ibidem.
42. D. Maria Ferreira, entrevista realizada em 14 de novembro de 1993.
43. Ibidem.

dos Ferreira. O jovem tocador de viola do congo, então com apenas 27 anos, foi aos poucos alçando-se como um dos grandes mestres do Rosário de toda Minas Gerais, respeitado por outros mestres lendários como José Aristides, Geraldo Arthur, de Contagem, e Edson Tomaz dos Santos, da cidade de Oliveira, por exemplo[44]. De 1932 a 1974, quando faleceu, o capitão Virgulino comandou, com mão de ferro, sabedoria e uma simpatia retraída, os festejos e rituais. Com autoridade deu forma à organização anual do reinado, congregou a comunidade, atraiu, com seu carisma e simplicidade, a colaboração de membros importantes de outros reinos, capitaneando a nação negra que lhe fora entregue pelo ato refundador de José Basil. Teve em José dos Anjos Ferreira, irmão de d. Maria Ferreira, um grande aliado e cultivou amizade forte com os Arturos, reino coirmão, de mútuo respeito.

Alto, magro, era rigoroso na observação dos fundamentos rituais e na exigência dos atos e funções de todos os membros da irmandade. Alferes, juízas, meirinhos, guarda-coroas, capitães, dançantes, de todos eram exigidas disciplina e ordem. As coroas nunca andavam desacompanhadas e a bebida alcoólica era proibida, a não ser as beberagens rituais, preparadas sob sua orientação. Impunha disciplina e só confabulava com os reis congos e com outros mestres de sua confiança, como o capitão José dos Anjos Ferreira, o capitão Claudionor Venâncio, o capitão Edson Tomaz dos Santos e o sr. José Basil da Silva, de Ibirité, seu capitão regente e compadre[45]. Não permitia que mulheres integrassem as guardas como dançantes e distribuía, exemplarmente, punições aos que desobedeciam aos preceitos e tradições. Paramentado, nenhum dançante podia afastar-se das guardas, a não ser com ordem explícita de seu superior hierárquico.

Próximo à realização da festa maior, que, devido às chuvas, se antecipou de outubro para o último domingo de agosto, enviava os meirinhos com os convites para toda a região do Jatobá, agradecendo as contribuições e os leilões que ajudavam na realização dos festejos.

No domingo da festa, as porteiras de seu terreno abriam-se para todos os devotos de Nossa Senhora do Rosário e sua casa transbordava de visitantes e guardas de outras regiões, que ali se hospedavam. Na época, as relações com a Igreja

44. O sr. Virgulino nasceu no dia 22 de agosto de 1908 e faleceu em 1º de novembro de 1974.

45. Não confundir com José Basil de Freitas, rei congo, falecido em 1946.

Católica eram tumultuadas, como afirma o capitão João Lopes: "naquele tempo, a igreja fechou as portas pro congado, então quem tinha propriedade fazia a festa na sua casa"[46].

Em 1946, o velho rei congo, José Basil de Freitas, faleceu, aos 96 anos. A velha rainha conga, d. Dodora, já há três anos mudara-se para o distante bairro de Nova Suíça, após desentendimento "com a capitania do reinado". O capitão Virgulino colocara em seu lugar d. Filomena, que morava no Barreirinho, região de Ibirité. D. Filomena foi rainha por apenas um ano, em 1946. Com a morte do rei congo, e vago também o lugar da rainha conga, o reinado foi suspenso por três anos, de 1946 a 1949.

Fechado o reinado, ainda assim, nesses três anos, na época de realização da festa, Virgulino, sozinho, cumpria suas obrigações de capitão-mor. Em fins de 1949, ele e seu cunhado, José dos Anjos Ferreira, organizaram uma folia de reis, recolhendo fundos para a construção da capela do Rosário, em sua propriedade: "Em fim de 49, o meu pai mais o meu tio José Ferreira tinha organizado uma folia de reis aqui em Jatobá [...], uma comunidade que tinha pouca casa, então todo mundo contribuiu com sua esmola, trouxe donativo, uns dava uma peça de madeira, uns dava uma fechadura, outros dava prego [...]."[47]

Em 1950 a capela ficou pronta e, nesse mesmo ano, Virgulino reabriu o reinado, já todo reestruturado. D. Niquinha, Maria Belmira da Silva, sua comadre, residente em Ibirité, assumiu a coroa conga do Jatobá. Como rei congo, foi coroado o sr. Francisco Lopes, membro tradicional da irmandade, residente no Jatobá. O sr. José Basil da Silva, de Ibirité, esposo de d. Niquinha, assumiu a função de capitão regente. O sr. Claudionor Venâncio era, então, mestre do congo e o sr. Franquelino, primeiro-capitão do moçambique. O sr. Arthur José de Freiras foi nomeado chefe dos guarda-coroas e os demais cargos de juízas, alferes de bandeira, mordomos, carregadores do pálio[48], reordenados entre os membros da comunidade. O sr. José Amador e sua família participavam ativamente da congregação, colaborando com Virgulino. Foram reis festeiros naquele ano duas crianças: Inácio dos Santos e Santinha.

46. João Lopes, entrevista realizada em 5 de dezembro de 1993.

47. Ibidem.

48. Pano suspenso por varas, conduzido pelas juízas, para proteger os reis do sol.

Enérgica e sábia, d. Niquinha ocupou com dignidade ímpar a posição de rainha conga de 1950 a 1994, quando faleceu, com mais de noventa anos. Em 1988, com a saúde precária, ordenou a João Lopes, então capitão-mor, que coroasse d. Leonor Pereira Galdino como sua substituta, já que não tinha mais condições físicas de acompanhar todos os festejos. Manteve, entretanto, o título de rainha conga até sua morte. Todos os anos, em julho, as guardas se deslocavam até Ibirité para visitar a velha rainha, que, mesmo abatida pela doença e pela idade, orgulhava-se da função que exercera por mais de quarenta anos. Numa dessas visitas, alguém lhe perguntou se fora rainha conga. A anciã, que parecia meio adormecida, levantou a cabeça e respondeu altiva: "Fui, não! Eu sou a rainha conga!"

Do alto de sua corte, d. Niquinha impunha respeito pelo saber que detinha e pela autoridade que demonstrava. Exigia disciplina rígida de seu séquito e de todo o reino e nunca saía em cortejo se o pálio não estivesse armado e cada um dos acompanhantes em sua posição devida. Muito respeitada pelo capitão Virgulino, dividia com ele as responsabilidades pelas punições necessárias e pelas decisões mais graves. Em sua casa, em Ibirité, e durante os festejos no Jatobá, era procurada e assediada por muitas pessoas que solicitavam conselhos, benzeções, opiniões. Eram memoráveis as quitandas gostosas que preparava para oferecer o café em sua morada. Reinou em harmonia com Chico Lopes, sábio rei congo, falecido em 1969. Os reis congos e Virgulino formaram o maior e mais venerado triunvirato da história da irmandade, tendo sido responsáveis pelo restabelecimento dos fundamentos e regência das tradições seculares dos congados na região do Jatobá.

Dois outros grandes mestres foram amigos e colaboradores de Virgulino: seu cunhado, José dos Anjos Ferreira, e o lendário capitão de moçambique, Edson Tomaz dos Santos, originário de Oliveira. José dos Anjos Ferreira, capitão de moçambique, era um dos maiores conhecedores de preceitos e fundamentos do Rosário. Alegre e extrovertido, gostava de brincar com as pessoas, conversar, contar casos e piadas. Adquirira grande saber com mestres do passado, pois convivera com os capitães da proto-história da irmandade, vira muitas das contendas e disputas dos antigos. Sabia as rezas todas, até para encantar cobras, conhecia os fundamentos e os mistérios, sabia das forças e dos perigos, que respeitava e temia. José dos Anjos conheceu Malaquinhas do Formigueiro, lendário capitão, com quem trabalhara nos eitos das grandes fazendas da região, como a do Pião, no hoje Barreiro. Aprendeu a falar em africano, adquiriu os conhecimentos das memórias de África, soube os preceitos. Era um grande contador de "causos" e de histórias da tradição do congado. Ensinou João Lopes e Expedito, o capitão "Preto", a falar em "língua de negro". Era reverenciado por João Lopes como seu mestre, a pessoa que lhe ensinou os falares africanos e uma grande parte do seu saber.

Naturalmente brincalhão, na época do reinado, José dos Anjos metamorfoseava-se, conforme relata seu filho, também José dos Anjos:

> Eu me lembro que nessa época, quando chegava a ser véspera das festas, papai tinha o negócio de acender uma vela todos os dias, ajoelhar perante o oratório dele [...] e ficar uns cinco a dez minutos fazendo suas orações. [...] Na semana da festa, papai não gostava de porta de botequim, de roda de companheiros. [...] Ele mudava assim o modo dele de vida, dentro de casa [...] nas vésperas da festa, um preceito que ele tinha.[49]

Nos cuidados com seu bastão, José dos Anjos Ferreira traduzia sua reverência aos fundamentos sagrados:

> Ele tinha um ciúme daquilo, não permitia ninguém pôr a mão. Trazia ele sempre guardado num canto do guarda-roupa fechado. Acabava a festa ele enrolava ele, aquele bastão, amarrava aquele papel por fora e guardava ele. Se a mamãe fosse fazer uma limpeza no guarda-roupa, se falasse com ele, ele tirava o bastão, ele não deixava nem ela pôr a mão [...], tinha assim aquele preceito, o preceito que aquilo era perigoso.[50]

49. Sr. José dos Anjos Filho, entrevista realizada em 6 de fevereiro de 1994.
50. Ibidem.

Temido e admirado, era, no entanto, o capitão de moçambique, Edson Tomáz dos Santos, de Oliveira, Minas Gerais. Filho do capitão Belmiro, que vinha de longe para celebrar o Rosário do Jatobá, a fama do capitão Edson ultrapassou as fronteiras de Minas. Muitas décadas após sua morte, ainda hoje se fala dele com admiração, respeito e deferência nos reinos negros das Gerais. Negro retinto, de altura mediana, dentes largos e muito claros, olhos grandes, sorriso esparramado. Vaidoso, paramentava-se com cuidado. A roupa branca, de linho ou cambraia, saiote e turbantes azuis, argolas grandes de ouro nas orelhas, sua figura impressionava. Cantava com graça e vigor. Trouxe para a região de Belo Horizonte o ritmo "serra-abaixo", toque mais grave e pausado do moçambique, que, até então, só batia "serra-acima", ritmo mais ligeiro e vibrante. Falava e cantava em africano e tinha fama de hipnotizar os inimigos com o olhar e de encantar as mulheres, atraídas pelo sorriso largo e pelos olhos graúdos. Ainda vivo já era uma lenda, respeitado e temido, por jovens e velhos. As crianças, assustadas por sua fama e jeito, passavam ao largo. Corriam longe as histórias de suas conquistas e das incontáveis situações em que colocara capitães para dormir.

Dizem que uma vez, chegando com a guarda de Virgulino em Contagem, o capitão Edson puxara o moçambique. Uma jovem olhou para ele e riu. Ela olhava e ria. E o capitão Edson ria de volta. Quando passou o comando, o capitão, como se brincasse, abordou a moça. "Estou sujo?", perguntou. "Estou mijado?" Face à negativa da jovem, já assustada pelo branco dos olhos que saltavam da pele retinta, ele teria afirmado: "Pensei que estivesse, pois a senhora ria tanto!" Dizem que a moça teve um ataque de riso histérico, incontrolável e caiu adormecida. A guarda já tinha chegado à casa do Arturos e ela não acordava. Não houve quem desse jeito. Chamaram capitães e rainhas para benzê-la e nada. Por fim, convocaram o capitão Edson. Ele olhou para a moça e disse: "Deixa ela dormir mais um pouco!" Contam que só à tardinha, quando a guarda já se despedia, é que o capitão Edson acordou a moça, aconselhando-a a nunca mais rir do que não entendia. Contam, assim, ainda hoje as memórias do lendário capitão.

Puxando coroa, capitão Edson gostava de cantar, em marcha bem lenta:

Olê, vamos devagá
olê vamos devagá
Moçambique não pode corrê
Moçambique não pode corrê
olê vamos devagá
Eu sou carrero
vim pra carreá
eu sou carrero
vim pra carreá
Minha boiada é nova
sobe morro devagá
minha boiada é nova
sobe morro devagá
À meia noite, o galo cantô
à meia noite, o galo cantô
quando foi de madrugada
meu gunga chegô

CÂNTICO DE MOÇAMBIQUE

Um de seus cantares preferidos é a célebre Minas Gerais:

Ô Minas Gerais
olê lê, Minas Gerais
ô Minas Gerais
É ni maravia
di Zambi que nakunda criô
ô Zambuê caripó aripuquisanto
Reino no canjira da chita dingombe
é di manganá ôvini di Zambiá
Ô Minas Gerais
Aripuquê ô mindi sacramento
no quipungue di manganá

ovini de Zambi, auê
ovini mindê
surucu tomin, auê
no tato de nidamba di Zambiá
Ô Minas Gerais
Ovipunga mindê
no oquepa di omindiz
manganá di menha menha
mi capucô cum manganá
Zambi di mimbanda, auê
surucutá mindê, ô Zambi, auê
Ô Minas Gerais

CÂNTICO DE MOÇAMBIQUE

O capitão Edson Tomáz dos Santos foi um dos idealizadores e organizadores da missa conga e de muitos dos cantares que acompanham essa celebração.

Provocava outros capitães, cantando em africano, o que levou o jovem João Lopes, filho de Virgulino, a aprender as línguas para responder aos desafios do sábio *anganga muquiche*. Muito amigo de Virgulino, o capitão Edson era figura constante no Reinado do Jatobá. Apoiou João Lopes na condução do reinado após a morte de Virgulino. Faleceu dois anos depois de seu grande amigo, e seu enterro também comoveu os congadeiros de muitas e longes terras.

Virgulino Motta faleceu em 1974, Edson Tomáz dos Santos, em 1976, e José dos Anjos Ferreira, em 1977. Com eles encerra-se um ciclo e outro se abre. Se em vida eram admirados como *anganga muquiche*, mortos, são venerados como antepassados. A todos eles a gunga celebra, cantando:

Embelezô
embelezô
o rosário de Maria
embelezô

CÂNTICO DE MOÇAMBIQUE

D. Maria Ferreira, Nanã do Reino

Beija fulô
toma conta do jardim
vou pedir Nossa Senhora
pra tomar conta de mim

CÂNTICO DE CONGO

Nascida em 4 de julho de 1906, d. Maria Geralda Ferreira casou-se muito jovem com Virgulino Motta, gerando doze filhos. Desde a década de 1920, acompanhava os festejos de reinado, seguindo Virgulino, tocador de viola na guarda de congo. De olhos atentos e ouvido arisco, via os feitos dos antigos capitães, a quem receava, respeitava e de quem ainda se recordava: "Então esses capitão, eles eram feiticeiro. Em Ibirité, esse capitão Belmiro, capitão grande, ele punha dançante lá com a cabeça na beira do barranco até a festa acabar, não levantava pra nada, esse tal capitão Belmiro. [...] E tinha também um tal de sr. João Moreira, baixinho, preto, baixinho mas mau que nem cobra, mas bão demais pra se lidar com ele, esse também eu lembro dele, né?"[51]

Em 12 de outubro de 1932, dia de Nossa Senhora Aparecida, d. Maria foi agente no ato fundador da capitania de Virgulino, tornando-se ela mesma, com apenas 26 anos, um dos esteios do reinado negro do Jatobá. Naquele dia, ela acompanhava o cortejo das coroas pelas trilhas dos carros de boi que conduziam à casa do rei congo, José Basil de Freitas, quando viu José Marciano jogar longe o seu bastão de capitão, travando a guarda de moçambique. Carregando no colo o filho mais velho, Laudelino, e em avançado estado de gravidez de outro filho, João Lopes, d. Maria, a custo, acompanhava a guarda.

José Basil, o sábio e velho rei, ordenou-lhe que apanhasse do chão o bastão renegado e pediu à cansada e temerosa Maria que o segurasse e seguisse com ele até o fim do cortejo:

Zé Basil olhou pra mim, encarou em mim assim, ele já era o rei congo, e falou pra mim: "Maria,

51. Todas as citações desta seção são extraídas de entrevistas realizadas com d. Maria Ferreira, em 14 de novembro de 1993 e 13 de março de 1995.

carrega esse bastão." Um toquinho de pau, assim, até muito feio, eu com um filho no braço, um barrigão, no outro braço cheio de farinha o bastão ficou, quer dizer que ele [João Lopes] montou no bastão, ou foi o bastão que montou nele. Foi aí que nós viemo com a coroa, Zé Basil na frente e eu atrás das coroa, carregando menino e carregando bastão. Nessa época não tinha estrada não, era trilha de boi.

Na noite daquele mesmo dia, já em sua casa, o rei Basil entrega o bastão a Virgulino, nomeando-o capitão maior do reino e delegando à Maria a função que cumpriu até a sua morte, a de ser o esteio do reinado, guardiã do bastão, a matriarca de toda a comunidade: "E agora, Maria, daqui por diante você mais Virgulino vai ser congo desse matão. [...] É sim, minha fia, ocê é o esteio e o Virgulino vai tomar conta desse bastão."

Dirigindo-se a Virgulino, Zé Basil recomendou: "Mas vou te falar procê uma coisa, tudo que ocê for manobrar dentro dessa guarda, ocê tira opinião com sua mulher, ocê não tem mulher, ocê tem uma escora."

A partir de então, d. Maria Ferreira, Dindinha para muitos, abraçou o reinado e a ele dedicou toda a sua vida. Ao lado de Virgulino enfrentou os dissabores, trabalhou, aprendeu. Recordava, com reverência, a liderança do esposo e sua dedicação aos ritos do Rosário:

> Mas ele sozinho manobrava muito melhor que hoje que tem gerente, tem isso e tem aquilo. Ele vivia doente, doente o ano todo, mas nos três dias de festa ele virava um tronco, como se diz, um tronco de raiz, e de mal ele não sentia nada. Ele também não comia, ele não bebia, o que ele bebia era só um golinho de café amargoso, o alimento dos três dias de festa era esse. Uma semana antes do congado ele dormia pra um lado e eu dormia pro outro, era a mesma coisa que menino, um pra lá e outro pra cá. Era oito dias antes e oito dias depois, Virgulino não encostava quando ele ia se preparar. E quando ele dizia "tô pronto", ele sozinho comandava o povo todo.

Na época da festa, as dificuldades cotidianas eram sempre esquecidas e os dois esteios, Virgulino e Maria, cumpriam suas obrigações, lado a lado, como se a festa de Nossa Senhora do Rosário reinaugurasse, a cada ano, os seus laços matrimoniais. "Mas graças a Deus, nós levava a vida muito bem dentro do congado. Nós ficava de mal três, quatro meses, sem dar uma palavra com o outro. Pra chegar mês de outubro as pazes virava, tudo que ele ia fazendo pro congado tinha que ter opinião comigo."

Sob o comando de Virgulino, as mulheres eram proibidas de integrar as guardas como dançantes e de acompanhá-las nas raras visitas que faziam anualmente aos reinos de Contagem e Ibirité. Depois que as guardas saíam para Contagem, d. Maria reunia as crianças e ia a pé, por mais de cinco quilômetros, até Contagem, assistir à festa dos Arturos. Na ocasião do reinado, que por muitos anos foi realizado em outubro, seu fogão a lenha ardia, sem descanso, por toda a semana, preparando o alimento para muitos hóspedes que vinham de longe, de Mateus Leme, Betim, Itaúna, Lagoa da Prata, Divinópolis, Piracema, Contagem, Justinópolis, Oliveira, Carmo do Cajuru, e de outras tantas paragens e grotões:

> Eu ainda fico pensano, tem dia que eu fico recordano o congado do meu tempo. Como é que eu sozinha dava conta? Eu trabalhava com Nossa Senhora do Rosário na cabeça, diariamente, não tinha um instante que não tivesse com o pensamento em Nossa Senhora do Rosário. Eu cortava lenha no pasto […], carregava lenha pra fazê um metro, dois metro de lenhero, punha na porta pra secá pra quando for a festa a gente ter lenha pra cozinhá. Eu lavava ropa, eu remendava ropa, eu costurava pros empregado, eu tratava os porco, eu tratava as galinha, eu zelava do milho, como é que sozinha dava conta? Por isso eu tenho muita fé, muita confiança nessa santa. Tem noite que eu tô ajoelhada na frente dela, parece que eu tô vendo os olhinho dela tremê assim. Adoro mesmo essa santa!

Em 1974, Virgulino faleceu. Na primeira reunião da irmandade, em 1975, d. Maria Ferreira não quis assumir o comando do reinado, dispondo-se, entretanto, a continuar colaborando como sempre o fizera, com seu apoio, suas preces e seu trabalho. Naquele ano, pela primeira vez, entrou na guarda de moçambique, convocada pelo capitão Edson Tomáz dos Santos. Entrou para "firmar o moçambique", ou seja, revitalizar suas energias e poder: "Depois que ele morreu foi que eu entrei para moçambique, pela primeira vez, chamada pelo Edson Preto. Ele falô assim: 'D. Maria, agora a senhora tem que firmá o lugar do sr. Virgulino, a senhora nunca separa de Moçambique.' Foi assim que eu comecei a dançá, que eu dancei, mas dancei muito!"

A partir daí, nos momentos de tensão e nós, d. Maria entrava no moçambique, cruzava a guarda, concertava, desfazia o malfeito, harmonizava: "Todo ano eu acompanhava, todo canto que eles ia eu ia, eu e a Dejanira, nós era da frente de moçambique. Ela dançava de um lado e eu dançava de outro. Eu só entrava em moçambique quando vinha azar pra derrubá e eu dançava no meio de moçambique, dançava de um lado pro outro, passava pela frente e aí moçambique ia embora."

Ao marido apoiou com sua energia e labor, ao filho doou sua sabedoria, estímulo e mesmo as reprimendas necessárias. Guerreira, já chegou a brigar pelo congado, como recordava sorridente: "Mas o tanto que eu sofri na minha vida por causa desse congado! Eu brigava muito nesse congado, brigava de dá facada nos otro, ou de rancá sangue; se fosse na época de hoje o povo corria e ia lá buscá polícia pra mim [ri]. Eta moçambique que já me deu trabaio!"

Reverenciada por todos, amada e temida por muitos, nenhuma guarda passava pelo reino sem antes parar à sua porta e saudá-la com o respeito e a estima que conquistou. Benzedeira e conselheira, detinha, como guardiã do bastão, o saber que institui os ritos e mistérios sagrados, as matrizes mais arcaicas do reinado. Já muito idosa, mas ainda robusta e plenamente lúcida, relembrava os tempos idos, repudiando a folclorização dos festejos. Sofria com as transformações inexoráveis que os tempos impõem e temia pelo destino da irmandade e da representação simbólico-religiosa que, por mais de setenta anos, ajudou a cumprir. Idosa e sábia, foi o arauto e o oráculo das tradições e dos mistérios do reinado. Sua figura, bela, altiva e grave, conduzia a guarda de moçambique no levantamento do Mastro do Aviso e do Mastro de Nossa Senhora do Rosário. Sua dança singular e inimitável recriava, no vestido branco rendado, os movimentos e poderes ancestrais das velhas nanãs africanas, investida do saber feminino primordial e inaugural sem o que não se completa o ciclo fenomenológico que fecunda a comunidade. Sua palavra vivificava o saber dos antigos e redistribuía, na performance dos ritos, a potencialidade primeva que ancora a vivência do reinado. Em sua sabedoria, desfiava a história da irmandade, saravando Zâmbi e a Senhora do Rosário, bordando o texto que, com suas mãos, também se escreve: "Eles falam, mas eu não sou o esteio não! Nossa Senhora do Rosário é o esteio, é a minha fé viva minha fia!"

João Lopes, Capitão de Moçambique

Ô, minha mãe
vem lá do céu
ô, com seu rosário na mão
vem pedindo pro seu povo
pra rezá sua oração
chor' ingomá
Ô Senhora do Rosário
ô mia Rainha do mundo
Rainha da terra
Rainha do ar
vem me ajudá, ô
tilelê tilelê lê
tilelê tilelê lê
tilelê tilelê lê

Nas comunidades congadeiras mais tradicionais, a formação de um capitão, de congo ou moçambique, não é obra do acaso ou fruto da vontade pessoal. É resultado de um longo ciclo de aprendizagem que só se revela pelo saber e conhecimento, adquirido por anos de vivência e intimidade com e nos ritos fundamentais. Sem nomear os eleitos, os mestres mais velhos, os *anganga muquiche* de respeito, observam desde tenra idade os infantes mais promissores. Observam, ensinam, repreendem, punem, guiam, por períodos que podem durar toda uma existência. Receber o bastão de comando de uma guarda significa o reconhecimento de um poder e de um saber, no universo do sagrado, que instituem ascendência, autoridade e, acima de tudo, responsabilidade. Símbolo maior de sua função e posição hierárquica, o bastão, do capitão do moçambique, e o tamboril, do capitão do congo, são metonímias do poder divino delegado a um regente de guarda.

Não basta ao capitão saber cantar e dançar. Ele deve saber rezar, comandar, conhecer os cantares adequados para cada situação, ao conduzir as coroas, puxar uma promessa, guiar uma guarda, entrar na igreja, atravessar porteiras e encruzilhadas, cumprimentar as majestades, receber visitantes e muito mais. Cabe ao capitão gerenciar seus comandados, dentro e fora das guardas, passar os preceitos, performar os ritos, resolver as contendas, abrir os caminhos ou fechá-los, zelar pelos paramentos, observar o cumprimento adequado dos rituais, ordenar, reger, ensinar, punir, vivenciar com beleza e harmonia o Rosário de Maria e a herança dos mais velhos.

Os degraus e etapas do longo e severo aprendizado, transmitido e assimilado na própria performance ritual, são muitos. De dançante de fileira a terceiro, segundo e primeiro-capitão. Poucos chegam a mestres. Raros os que têm o privilégio e o peso da responsabilidade de serem alçados à posição de capitão regente ou à de capitão-mor, comandantes de toda a regência ritual do reinado, aqueles cujo olhar e mínimo gesto têm força de lei.

João Lopes, capitão-mor da Irmandade de Nossa Senhora do Rosário do Jatobá, vivenciou o reinado desde a barriga da mãe. Filho de Virgulino Motta e d. Maria Ferreira, ainda no ventre da mãe foi tocado pelo bastão de moçambique, na cena fundadora da capitania do próprio pai. Em 12 de outubro de 1932, quando recebeu o bastão das mãos do então velho rei, Zé Basil, d. Maria carregava no ventre, já muito dilatado, seu filho, João Lopes. Sobre a barriga pesada, segurou o bastão que José Marciano jogara no chão, coroando com ele o filho que nasceria em 30 de novembro de 1932: "Ele já nasceu montado no bastão, ou o bastão montado nele, né?", revela a mãe orgulhosa[52].

Nascido no seio do reino negro do Jatobá, a criança, batizada como Alcides André, adotou um nome no qual se reconhecia e se identificava: João Lopes. A história desse codinome é uma das tantas narrativas liminares que traduzem a personalidade de João Lopes.

Havia na região do Barreiro um certo sr. João Lopes, ferroviário que, por onde ia, tocava sua sanfona de oito baixos, usando sempre um cachecol enrolado no pescoço, fizesse chuva ou sol. Uma de suas cantigas favoritas ele a fizera para Corina, sua esposa, repetindo-a onde fosse:

Corina fez, fez, fez
feijão com couve e rapadura
João Lopes, catinga de fumo

Alcides André ouviu a cantiga pra Corina e, já revelando a memória arquivística que o distinguiria, passou a repetir os versos do ferroviário, mimetizando os sons da sanfona. Seu tio, Zé Mané, que se divertia com a cena histriônica, passou a chamá-lo de João Lopes, assim como toda a família: "Por incrível que pareça eu fiquei sabendo que eu chamava Alcides André quando eu entrei no grupo escolar, aos sete anos de idade, porque até os sete anos de idade eu sabia que eu chamava João Lopes."[53]

Na escola, à hora da lista de presença, a professora, d. Petronília, chamava-o, mas João Lopes não respondia ao nome Alcides André. D. Petronília, então, explicou-lhe que João Lopes era o apelido e Alcides o nome verdadeiro. Já adulto, deixou de responder a três cartas da namorada que endereçou os envelopes a Alcides André. O apelido se sobrepôs ao nome, na boca do povo e no afeto do próprio nomeado: "Eu não gosto que me chama de Alcides André, está me ofendendo, eu gosto do meu nome, meu apelido, João Lopes."[54]

52. D. Maria Ferreira, entrevista realizada em 12 de novembro de 1993.
53. João Lopes, entrevista realizada em 12 de janeiro de 1994.
54. Ibidem.

Desde muito cedo, o pequeno João ciscava no congado. Rondando o pai e o tio José dos Anjos, ouvia e aprendia: "Segundo o que diz minha mãe, eu nasci coroado, nasci debaixo do bastão de Nossa Senhora do Rosário, dentro do ventre dela, né? [...] e toda a vida eu era fanático, desde que eu me conheço por gente, o reinado era a minha paixão, o moçambique, o reinado."[55]

Aos seis anos, pela primeira vez puxa um canto no moçambique, repetindo alguns versos prediletos do tio José dos Anjos Ferreira:

> Ô, com licença
> ô, com licença
> vassorinha
> varre o meu caminho
> que eu quero passá
> varre o meu caminho
> vassorinha
> varre o meu caminho
> Nossa Senhora
> varre o meu caminho
> ombuzá
> varre o meu caminho
> como os anjinho
> varre o meu caminho
> vassorinha
> varre o meu caminho[56]

Aos oito, já provoca e desafia os mais velhos. No terreiro de sua casa, após o levantamento do mastro de Nossa Senhora do Rosário, canta para o próprio pai:

> Periquito novo
> tá cantando no terrero
> papagaio véio
> tá cochilano no pulero

---

55. Ibidem.
56. Ibidem.

Quem responde e forma o dueto é o capitão Zé Félix:

Zé Felix:
Pinto alegre
gavião peg'ele
Pinto alegre
gavião peg'ele

João Lopes:
Pinto das alma
gavião não pega
Pinto das alma
gavião não pega

Zé Felix:
Menino, cuidado
com o cisco no terrero
Menino, cuidado
com o cisco no terrero

João Lopes:
Esse alento papai já me deu
não tenho medo do cisco
no terrero
porque o terrero é meu![57]

A história de provocações e desafios é comum no reinado, princi-palmente entre grandes capitães, como uma assertiva de poder e de ratificação de autoridade. Uma brincadeira séria. Adolescente, João Lopes, que já treinava os meninos do moçambique, ouvia deleitado os desafios entre o capitão Virgulino e o capitão Edson Tomáz dos Santos, que terminavam em abraços de mútuo respeito: "Nesse meio de tempo o capitão Edson Tomáz dos Santos mais meu pai brincava muito, cantando um pro outro dentro do reinado. Brincadeira, né? Xingava uns aos outro de palavrão, falava cada palavrão doido, naquela brincadeira. Depois, no fim, eles terminava, um abraçava o outro cantano: 'vamo deixá como tá, vamos deixá como tá'."[58]

57. João Lopes, entrevista rea-lizada em 12 de janeiro de 1994.
58. Ibidem.

Capitão Edson falava africano, "a língua de nego", e entoava longas conversas com o tio de João, José dos Anjos, que também dominava fluentemente "línguas de nego". O capitão Virgulino, entretanto, não sabia esses falares. Quando as provocações entre os dois capitães, Edson e Virgulino, ficavam sérias, o capitão Edson se sentia enrolado, virava a língua e cantava em africano, retomando assim certa vantagem. Numa dessas contendas, Edson cantou:

Ó queto,
odiacunda di cumbaro aiá.
uendô no chitangoma di cumbaro catito
carunga qui puxa angombe
ni maravi mindê
angombe é qui puxa carunga[59]

Virgulino ficou embaraçado, não entendido, sem resposta e tudo terminou em risos. Mas João Lopes ficou cismado. Mais tarde, arguiu o tio, que lhe revelou a tradução dos versos: "Ele cantou: 'eu vim da cidade grande, cheguei na cidade pequena. Achei tudo diferente, porque aqui, em vez do boi puxar o carro, é o carro que puxa o boi'."[60]

A interpretação da alegoria, que ofendia seu próprio pai, foi imediata: "Quer dizer que ele tá dizeno, cantano em africano, tá dizeno pro sinhô que quem deveria ser o chefe do reinado aqui em Jatobá é o sinhô e não o meu pai."[61]

Para responder à ofensa dirigida ao pai, João quis aprender "a tal língua de nego" e pediu um livro ao tio. "Eu falo língua de nego, mas nunca vi livro pra ensinar falar isso não", respondeu o tio, que, por sua vez, havia aprendido com os negros velhos que lavravam a terra nas fazendas da região. E foi o tio que se predispôs a ensinar ao sobrinho adolescente os falares da longínqua África.

Por muitos meses, após trabalhar nas roças do pai, João Lopes caminhava muito até a casa do tio, sentava-se com ele ao pé do fogão de lenha e ouvia, com atenção e entusiasmo, as lições do mestre. José dos Anjos, conhecedor de todos os fundamentos do congado, ensinava as línguas africanas que sabia, o queto e benguela, ensinava

59. Ibidem.
60. Ibidem.
61. Ibidem.

os pontos, as rezas, os fundamentos, os preceitos do congado e seus mistérios. Ensinou tudo a seu discípulo, menos os palavrões em africano, porque João "ainda era menor de idade". O tio, "sabedor de muito", ficou na lembrança de João como seu grande e maior mestre, quem lhe transmitiu, com paciência e carinho, a voz da sabedoria.

No ano seguinte, João Lopes já estava preparado para enfrentar o temido capitão Edson Tomáz dos Santos. O primeiro embate aconteceu na casa de Chico Lopes, onde o moçambique fora tomar café. Na hora de agradecer à mesa, Edson passou essa responsabilidade ao João, pois, como sempre acontecia, estava sendo assediado por uma bela jovem. Então João cantou:

Ô queto, di cumbaro aiá
okunda tunda uendô
ni chitangombe di cumbaro catito
tata mindê
pra injirá undamba manganá
ô pa pupiá undaka ni undamba
pra curiá kamucique no sengue
no anjó di tata mindê[62]

Surpreso, capitão Edson só exclamou: "Eta, menino atrevido, onde é que você aprendeu isso?" Ao que João retrucou: "Okunda, okunda, no chitangome di tata mindê, qui omindi angurá ovê, nu andavia di tata mindê." Encabulado, "o homem não falou essa boca é minha, largou a mulher pra lá, fechou a cara, esbugalhou o olho pra fora". Calado, entrou na guarda, mas não cantou e ficou olhando para o "moleque atrevido com o rabo de olho". Depois de entregue a coroa, na casa de Virgulino, reagiu: "Moleque atrevido, me conta quem é seu mestre."[63] João chamou o tio e encostou o bastão na sua testa. A reação de Edson foi furiosa:

Esse homem xingou o meu tio uma quantidade! Botou ele abaixo dos cachorro e meu tio cagava de medo dele, com o perdão da palavra, e ficou

62. Segundo João Lopes, ele perguntou, em africano, se o capitão Edson "tinha ido ao reino pra celebrar o rosário ou pra paquerar mulher".

63. João Lopes, entrevista realizada em 12 de janeiro de 1994.

caladinho, assim ó! Então dessa época pra cá acabou o negócio de seu Edson grampear com seu Virgulino. Quando Edson Tomáz dos Santos cantava forte pra ele, que ele enrolava a língua, o meu pai chamava: "Ô meu fio, o que ele tá falando aí?" "Tá falando isso e isso, meu pai, que o senhor é isso e isso." Aí meu pai cantava, cantava, respondendo.[64]

Apesar do conhecimento adquirido ao longo dos anos e da autoridade e respeito conquistados dentre os congadeiros, enquanto o pai foi vivo, João Lopes não passou de segundo-capitão do moçambique. O primeiro-capitão era o sr. Franquelino, morador no Barreiro de Cima. Mas o mestre já era João:

> E de segundo-capitão eu nunca passei aqui, até o meu pai morrê. Só tinha um porém, o homem [Franquelino] era o primeiro-capitão, mas quem tomava conta de moçambique era o velho aqui, o João Lopes, ele que estava no moçambique, ele que ensinava a cantá, ele que ensinava batê tambô, ele que ensinava batê caixa, ele que ensinava batê gunga, ensinava a cantá, ensinava disciplina, como se cumprimenta o rei, como se cumprimenta a rainha, a divina pregação que tem o congadero [...].[65]

Apesar de silencioso e contido, o reconhecimento do pai era implícito. Dos filhos homens apenas João se integrara por inteiro nos ritos de devoção do Rosário. Esse reconhecimento verbalizou-se em 1974, no dia 29 de outubro, quando, fulminado pela meningite, o capitão Virgulino Motta, no leito do hospital, transmite ao filho o comando de seu reino:

> O quadro eu nem gosto de relembrar, mas vou te contar. Em 1974, dia primeiro de novembro o meu pai veio a falecer. Dia 29 de outubro ele me chamou no hospital [...], sentei na beira da cama dele, disso eu não me esqueço, falô assim comigo: "Meu filho, eu sô pai de doze filho, são doze

64. Ibidem.
65. Ibidem.

irmão, morreu um e eu tenho onze. Desses onze irmão, que tem homem e mulher, o único que tá comigo dentro do reinado é você, vou te fazer um pedido, será que você pode fazê pra mim?" Eu falei: "Ô pai, eu faço", e ele disse: "Eu daqui, meu filho, não volto pra casa mais andando, porque eu sei que daqui eu volto pra casa dentro do caixão. O pedido que eu vou te fazê, você toma conta do meu reinado, não deixa o meu reinado acabá."[66]

"Reinado de Sinhá, de Nossa Senhora do Rosário, é coisa de herança, de pai passa pra filho", dizia o capitão Edson Tomáz dos Santos. E essa herança mítico-religiosa que recebera das mãos do rei congo José Basil, em 1932, escolhido que fora para ser "chefe de uma nação", Virgulino, por sua vez, passa a seu filho. As últimas instruções do *anganga muquiche*, *tata* do Rosário, de gestos contidos e palavras medidas, acentuam sua preocupação com o *continuum* de uma tradição que ultrapassa e atravessa seus próprios agentes:

> Enquanto ocê pudé fazê com o povo, se ocê pudé dominá o povo, ocê faz com o povo [...], depois que ocê vê que não tem jeito mais, que não tivé jeito docê fazê com o povo, ocê faz o meu reinado. Reza a novena na sua casa, no sábado celebra também minha bandera. Aí manda celebrá a missa. Solta um foguete pra cada mastro. Segunda-feira, se pudé, desce as bandeira, solta um foguete pra cada mastro, tá pronto o meu reinado, enquanto vida ocê tivé, ocê faz isto.[67]

Em abril de 1975, durante reunião extraordinária da irmandade, o comando do reinado é formalmente entregue a João Lopes. Não havendo em sua família nenhum membro que ousasse assumir os encargos do pai, o mesmo capitão Edson Tomáz dos Santos, com a sapiência e autoridade que o caracterizavam, repete a fala que fundamenta o rito de passagem: "Festa de Sinhá, Reinado de Nossa Senhora do Rosário, é coisa de herança, de avô passa pra pai, de pai passa pra filho, de filho fica pros otros filho e neto. A única

66. Ibidem.
67. Virgulino Motta, citado por João Lopes, em 12 de janeiro de 1994.

pessoa indicada para tomá responsabilidade, pra continuá a festa, é o João Lopes."[68]

Sob os aplausos da congregação, João Lopes, nomeado capitão-mor, faz seu juramento de fé e compromisso para "assumir um cargo de tanta responsabilidade, de tanto peso", prometendo "com a fé de Nossa Senhora do Rosário, com a fé que eu tenho, eu vou fazer das tripas coração, pra representar ao menos o dedo mindinho do meu pai". De segundo-capitão do moçambique, João Lopes, então com 42 anos, galga de uma só vez todos os degraus na hierarquia dos capitães: "Faleceu meu pai e, no outro ano seguinte, eu já era capitão-mor da Irmandade de Nossa Senhora do Rosário. Então eu pulei diversos degraus. Eu passei o lugar de primeiro-capitão, passei o lugar de segundo regente, passei o lugar de primeiro regente e fui a capitão-mor da irmandade."[69]

Ainda em 1975, um incêndio destruiu muitos paramentos da capela. Ao jovem capitão-mor cabia também um novo aprendizado, moldar com suas próprias mãos o que o fogo diluíra: "Do meu salário eu fui tirando os pouquinho, de pouquinho em pouquinho comprei metal, olhei nos esqueleto das coroa e fiz novas coroa. Quando meu pai morreu, eu não sabia o recorte de uma caixa, fiz um par de caixa pra moçambique, mandei fazer a bandeira de guia do Divino Espírito Santo, coloquei tudo no lugar e fomos tocando a festa de Nossa Senhora do Rosário."[70]

Quando vivo, Virgulino já pensava em formalizar a irmandade. Com sua corte e capitania, reunia-se sempre para formularem os estatutos, redigidos pelo seu filho caçula, Getúlio Ferreira Mota. Em 1976, João Lopes cumpre os planos do pai e a congregação é filiada à Federação dos Congados de Minas Gerais e registrada em cartório. As reuniões da diretoria com todos os outros membros, anteriormente anuais, tornam-se mensais, seguindo-se todas as exigências dos estatutos.

Alguns dos membros da família Ferreira continuam, após o falecimento de Virgulino, a contribuir para a realização e a participar dos festejos. D. Maria Ferreira hospedava em sua morada os visitantes de fora, guiando também,

68. Edson Tomáz dos Santos, narrado por João Lopes, em 12 de janeiro de 1994.
69. João Lopes, entrevista realizada em 12 de janeiro de 1994.
70. Ibidem.

espiritualmente, a regência do filho. D. Expedita de Jesus Mota preparava o café, durante toda a festa. Bego, Aracy Mota Saraiva dos Santos, torna-se responsável pela manutenção e decoração da capela e pela condução dos terços e novenas ali realizados. Xuxu, apelido de Edithe Ferreira Mota, que por muitos anos fora princesa conga, ajuda na organização, conduzindo também as rezas e cantos litúrgicos.

Em 1979, d. Maria, João Lopes, capitã Edithe e o capitão Hélio da Silva criam a Guarda de Congo de São Benedito, por algum tempo carinhosamente chamada de congo feminino. O capitão Hélio da Silva é nomeado mestre desse terno e a capitã Edithe, a contra-mestre. Alguns anos depois, a capitã Edithe assumirá a titularidade do cargo como mestre de congo, cabendo a ela toda a responsabilidade por essa guarda, composta, em sua maioria, por crianças, adolescentes e jovens. Também mestre dos cantos e das danças, por muitas décadas exerceu, com rigor, suas funções, também desenhando as fardas, costurando as vestes e capacetes, ensinando e aprendendo.

Rezadeira conceituada, a capitã Edithe, como o irmão, integra o reinado desde criança. Sua bela voz, seriedade e competência no trato do sagrado tornaram-na respeitada e uma das guardiãs mais fervorosas do legado do pai. Firme e enérgica, cumpre suas funções com rigor, mas é cética quanto às transformações que o tempo imprime na realização dos festejos. Sua voz singular preenche todos os espaços, quando guia sua guarda:

Nossa Senhora
quando andava pelo mundo
ô que beleza
Nossa Senhora
quando andava pelo mundo
louvado seja

CÂNTICO DE CONGO

Ou quando chega à porta dos reis:

Senhora rainha
chega na janela
venha ver sua guarda
Sá Rainha
eu cheguei com ela
Senhora rainha
sua casa cheira
cheira a cravo e rosa
Sá Rainha
flor de laranjeira

CÂNTICO DE CONGO

Com a partilha e venda do patrimônio de Virgulino Motta, o terreno onde ficava a casa da família e a capela do Rosário, erguida em 1949 e inaugurada em 1950, foi vendido. Em reunião familiar, João Lopes questionou a mãe pela venda do templo, lembrando a todos o desejo do pai de manter intacta a capelinha. Na impossibilidade de reverter a transação comercial, d. Maria Ferreira readquiriu uma outra parte das terras, mais acima, a aproximadamente trezentos metros do sítio original. Nesse terreno, doado por ela à Irmandade de Nossa Senhora do Rosário, foi erguida a nova igreja. Em 1984, numa cerimônia marcada pela emoção, as guardas realizaram o translado dos santos, paramentos e instrumentos para a nova sede.

Em 1985, a antiga capelinha foi derrubada pelos compradores do terreno. Mas contam os moradores da região que ali, ainda hoje, quando se aproximam as vésperas da festa do reinado, tarde da noite, ouvem-se sons de tambores longínquos, ruminando a memória dos mais anciãos.

Na época de Virgulino as guardas raramente viajavam para visitar outros reinos, com exceção da festa dos Arturos, em Contagem, amigos de longa data, e de Ibirité. Sob o comando de João Lopes, o reino de Jatobá passa a viajar frequentemente. Além da romaria anual a Aparecida do Norte, para celebrar, no mês de abril, a missa conga em homenagem a São Benedito, ao lado de congadeiros de todo o país, as guardas do Jatobá participam de cerimônias e solenidades em várias localidades da Grande BH, vão para outras cidades de Minas e mesmo para outros estados, colaborando na realização dos festejos de irmandades fraternas. Tornou-se famosa, para além das fronteiras das Minas, a missa conga performada com as guardas do Jatobá, sob a tutela de João Lopes. O próprio capitão fez-se figura respeitada e admirada não só pelas nações do reinado, como também por pesquisadores e estudiosos da cultura negra e, sobretudo, pelos devotos de Nossa Senhora do Rosário, incluindo-se aí parte do clero.

Ao lado do capitão João Lopes, destacava-se, na organização e condução de todas as celebrações e cerimônias, o capitão regente Matias da Mata. Enérgico na manutenção da disciplina e no cumprimento dos rituais tradicionais, advindo também de uma antiga família congadeira, capitão Matias era o braço-direito do capitão-mor. Com ele, vigiava, ordenava, organizava, ensinava, fazendo cumprir os preceitos. De sua família vieram os três tambores sagrados de mais de cem anos, doados ao Reino do Jatobá em 1990. Naquele ano, no dia 21 de outubro, a guarda de moçambique de São José, que tem sua sede no bairro Inconfidência, passou para as mãos de João Lopes e de Matias da Mata os centenários e sagrados candombes dos seus antepassados.

Em 2004, após a morte de João Lopes, o capitão Matias da Mata foi designado por d. Maria Ferreira como capitão-mor, cargo que exerceu até seu falecimento em junho de 2008. Sábio, severo, íntegro, altivo e elegante, o capitão Matias da Mata imprimiu sua história no Reinado do Jatobá.

Na condução do Congo de Nossa Senhora do Rosário, a guarda mais antiga da irmandade, posta-se a figura altiva do mestre do congo, capitão José Apolinário Cardoso, que, desde 1986, substitui no comando ao capitão Juvenal Lopes, falecido em 1985. Com disciplina e autoridade incontestáveis, o capitão Apolinário mantém, nessa que é a primeira guarda criada em Jatobá, ainda nos tempos do fundador Malaquinhas do Formigueiro, a memória de seus ilustres antecessores, capitães da estirpe de Venâncio, Claudionor, Dimas e Juvenal. Por muitos anos, ao seu lado, até se afastar por problemas de saúde, o capitão do congo, sr. Adair Valério de Lima, bisneto do lendário rei congo José Basil e filho de d. Leonor Galdino, rainha conga, reinou ao seu lado. Extrovertido e carismático, o capitão Adair, com seu jeito alegre, coloria a Guarda de Congo de Nossa Senhora. Junto do seu irmão Arceu, capitão de moçambique, fez fama como leiloeiro da congregação. Hoje, já de mais longe, ainda acompanha o reinado.

No moçambique, destacava-se a presença emblemática do capitão e mestre Expedito da Luz Ferreira, conhecido como capitão Preto, filho de Manuel Ferreira, sobrinho de d. Maria Ferreira. Expedito, falecido em 2018, foi um dos nossos mais sábios, versejado, cativante, enigmático, senhor das línguas de negro e dos saberes mais antigos. Também na capitania de moçambique, realçava-se o carisma e a generosidade do capitão Arceu Vallério de Lima, filho de d. Leonor Galdino, membro de uma das famílias fundadoras do reinado, que, até fevereiro de 2020, quando faleceu, seguiu com dedicação e amor a herança herdada de seus pais, avós e bisavós. Destaca-se hoje o capitão Jadir Eustáquio Lopes, o Gilete, filho de Juvenal Lopes e neto do saudoso rei congo, Francisco Lopes, que, com gravidade e sereni- dade, é o primeiro-capitão de moçambique. Ao seu lado, labutam, para não deixar a gunga arriar, Renato Natalino Galdino Chaves e Antô- nio Carlos Gonçalves, segundo e terceiro-capitães de moçambique.

Em 1997, ano da primeira edição deste livro, o Trono Coroado era composto pelos reis congos, d. Leonor Pereira Galdino, neta de José Basil de Freitas, e o sr. José dos Anjos Filho, filho do capitão José dos Anjos Ferreira; os reis perpétuos, d. Iracema Pereira Moreira e sr. Elpí- dio Cândido de Medeiros, a rainha de Santa Efigênia, d. Zélia Decimira Soares dos Santos, a rainha de Nossa Senhora das Mercês, d. Alzira Germana Martins, o rei de São Benedito, sr. José Pereira e a rainha do povo, d. Maria dos Santos (d. Nina), princesas e guarda-coroas.

Os reis e rainhas vitalícios representam o Sacramento, media- dores entre os humanos e as divindades, portadores das preces que curam e protegem, representantes das nações africanas e da Senhora do Rosário, responsáveis, em última instância, pela resolução dos conflitos, pela condução dos ritos e fundamentos do sagrado, por assegurar a harmonia e sustentar os pilares, na estrutura do reino. Além desses cargos vitalícios, todo ano são coroados os reis festeiros, que, por desejo ou cumprimento de promessas, ocupam a função por apenas um ano.

Os coroados e a capitania são as bases de uma engenhosa rede de poder, pois o reino é uma organização religiosa e social complexa, de muitos liames. Eles gerenciam e dão continuidade ao legado cultural que extrapola sua vida pessoal e se vinca nas fabulações e inscrições dos rizomas africanos recriados pelos africanos e seus descendentes. Sob o manto das majestades, o capitão-mor rege toda essa organização simbólica. Seu cargo exige de si, como de todos os partícipes do reino, disciplina, ética e moral. De seu saber e competência, de sua autoridade e comportamento, de seu sacerdócio, como mestre e iniciado, de sua relação com as majestades depende o agenciamento das energias vitais que movimentam o ciclo místico/religioso e a própria coesão comunitária.

Ainda que à diretoria caiba o gerenciamento executivo da organização, nem ao seu presidente, eleito a cada quatro anos, cabe qualquer infusão na regência do universo do sagrado regido pelos reis e rainhas, capitão-mor e capitão regente e pelos demais mestres.

Capitão-mor desde 1975, João Lopes foi, também, presidente da irmandade de 1992 a 1995, substituindo seus irmãos Ildefonso Mota, que presidiu de 1989 a 1991, e a Getúlio Ferreira Mota, presidente de 1969 a 1988. Foi também presidente do Conselho Deliberativo da Federação dos Congados de Minas Gerais (órgão já extinto). João Lopes, além de exímio fazedor de terços, rosário, coroas e tambores, detinha uma fabulosa memória e um saber extraordinário, capaz de recitar, sem hesitação, datas, acontecimentos, cantos, casos, anedotas e o arquivo narratário da história de sua congregação e de várias outras em Minas. Rejeitando, com veemência, a folclorização dos ritos e cerimônias dos congados, afirmava sempre que o reinado não é folclore, é religião, tradição, rito sagrado. Para ele, "congado tem muito, mas reinado não". Em muitas comunidades, mesmo dentre as mais tradicionais, os fundamentos vêm sendo minimizados e em algumas até relegados. A simbologia, valor e propriedade das cores, adereços, paramentos e cantos, vem sendo esquecida, tornando-se o congado, muitas vezes, segundo o sábio capitão, "pura bizarria" ou "teatro"[71].

71. João Lopes, entrevista realizada em 5 de dezembro de 1993.

Cronista griô do povo do Rosário, narrador e sujeito da história dos congos nas Minas Gerais, guardião dos opelês, as contas de lágrimas, esse capitão, de sorriso farto e voz rouca, foi em vida, e é na saudosa lembrança de suas travessias e de seu conhecimento enciclopédico, síntese e emblema da história mesma dos negros reinos banto nas terras de Minas:

> E nesse reinado, minha filha, nesse tempo de reinado, de seis anos até agora [...] já fiquei muitas horas sem comer, já dormi em pé de banana no reinado, já comi uma vez só por dia, teve dia de não comer nenhuma, acompanhando o Reinado de Nossa Senhora do Rosário. E hoje tem toda essa mordomia, essa facilidade aqui e ninguém tá querendo nada [...] e são muito poucos que tentam fazer e deixar, como se diz, uma boa impressão, um bom patrimônio para os outros vindouros.[72]

Lembrando-se das agruras por que passa um capitão-mor, recita para mim, sorridente, um refrão antigo:

> Na festa de Senhora do Rosário
> esparrama di mukanda
> Rei Festeiro e Rainha Festeira
> é que faz a festa
> depois Capitão
> é que ganha fama

O capitão João Lopes quis deixar registrado, neste livro, parte desse saber e dessa memória para "os outros vindouros". Acentuando as obrigações e responsabilidades dos capitães, uma delas a de se afastar do álcool, "espada fulminante que tem para derrotar qualquer congadeiro", o capitão, como um desabafo, conclui e ensina:

> Então eu pretendo que essas pessoas que nasce com reinado, pra vocês fazer um bom reinado, se aprepara primeiro, antes

72. João Lopes, entrevista realizada em 12 de janeiro de 1994.

de fazer o reinado [...] procura ficar em jejum e em abstinência sexualmente sete dias antes de fazer o reinado. Se vocês puderem ter essa abstinência, faça igual eu faço, se ajoelha pra rezar o rosário e ponha dois bagos de milho debaixo do seu joelho pra fazer sacrifício, pedindo a Deus o fim das fraquezas de vocês. Procura ser obediente às suas majestades, reis e rainhas, príncipes e princesas, ama a todos os seus irmãos congadeiros, das suas guardas, das suas irmandades, como seus irmãos legítimos. Tenha respeito por todas essas pessoas, que o Reinado de Nossa Senhora do Rosário que nós fazemos aqui na terra, nós não estamos fazendo bonito pra ninguém [...] nós estamos tentando fazer aquela semelhança que os anjinhos fez lá no céu. Então vamos manter a nossa fidelidade, o nosso amor, o respeito, a fraternidade, a sinceridade pra com Nossa Senhora do Rosário e pra com a divulgação das continhas de seu rosário, o qual apareceu nessas plantas porque ela chorou por nossos filhos da lenda. E, se ela chorou por nós, não é nada difícil, nem nada feio, nós chorar pra saber defender as coisas que pertencem a ela. Que louvado seja Nosso Senhor Jesus Cristo! Kecina, Kereô por Nossa Senhora, Ave Maria, aiaê achinga naianga iatobá ia Zâmbi qui a gomá dambi dambá, iapocá notara Andara di Berê tê i Zambê.[73]

Fragmentos de uma Genealogia do Reino do Jatobá

Raízes e Fundação

Até o século XIX, os negros escravizados das fazendas das atuais regiões do Barreiro e do Jatobá, cercanias e adjacências, celebravam os festejos de Nossa Senhora do Rosário na antiga fazenda da Pantana, propriedade de d. Pulquéria, em Ibirité. Na penúltima década do século XIX, provavelmente entre 1880 e 1890, há uma cisão

73. Ibidem.

entre os reinadeiros das regiões do Jatobá e do Barreiro e o Reinado da Pantana. O célebre Malaquias, conhecido como Malaquinhas do Formigueiro, capitão de congo e líder dos escravizados nas terras de Yataobá, rompe com Ibirité e funda o Reinado de Nossa Senhora do Rosário no Jatobá e o lidera até sua morte. Em 1932, o rei congo da época, sr. José Basil de Freitas, depois de certas ingrisias entre a capitania, transfere a responsabilidade do Reinado do Jatobá a d. Maria Ferreira e ao seu esposo, sr. Virgulino Motta, até então um simples tocador de viola do Congo de Nossa Senhora. D. Maria, muito jovem, é nomeada guardiã do reinado, portadora dos bastões, guia da tribo de reinado. O sr. Virgulino Motta passa a ser marechal do reino. A partir de então, o sr. Virgulino e d. Maria passam a ser os responsáveis por todo o reinado.

Dona Maria Ferreira, a Dindinha, como era carinhosamente chamada, foi a grande matriarca, protetora e conselheira do reino, vara espiritual e esteio, benzedeira e curandeira, senhora dos bastões e guia maior da tribo, desde 1932 até sua morte, em 11 de maio de 2005. Sua fama correu mundo, era admirada e respeitada para além das fronteiras do Jatobá.

Nos primórdios, o Reino do Jatobá contava com apenas um terno, a Guarda de Congo de Nossa Senhora do Rosário, que já existia desde o século XIX. Célebres capitães, de congo e de moçambique, das regiões de Oliveira, Carmo do Cajuru, Itaúna, Divinópolis, Contagem, Ibirité, Brumado Velho e outras adjacências, vinham reinar no Jatobá, o que era comum na época. Posteriormente, na década de 1950, foi fundada a guarda de moçambique do Espírito Santo e, em 1979, a Guarda de Congo de São Benedito.

Majestades (Trono Coroado)

Reis Congos

Dos primórdios a 1910	D. Dodora Venâncio Sr. João Laureano
De 1910 a 1945	D. Dodora Venâncio Sr. José Basil de Freitas

1945	D. Dodora, já muito idosa, muda-se da região.
1946	D. Filomena Sr. José Basil de Freitas
1946	Morte do sr. José Basil de Freitas
De 1947 a 1949	Interrupção dos festejos.
1949	Construção da capela de Nossa Senhora do Rosário nas terras de Virgulino Motta. Até então o reinado era celebrado na casa dos reis e na casa de Virgulino.
De 1950 a 1969	D. Maria Belmira da Silva (D. Niquinha) Sr. Francisco Lopes (Chico Lopes)
1969	Morte do sr. Francisco Lopes.
1970	Sr. Godofredo do Nascimento, sr. Godó, é coroado rei congo.
De 1970 a 1972	D. Maria Belmira da Silva (D. Niquinha) Sr. Godofredo do Nascimento
1973	Morte do sr. Godofredo do Nascimento.
1973	Por um ano há vacância no cargo de rei congo, pois, segundo os antigos, Ulisses, filho do rei, "não conseguiu assegurá a coroa conga".
1974	Sr. Adotivo Felisberto Gonçalves é coroado rei congo.
1974 a 1990	D. Maria Belmira da Silva (D. Niquinha) Sr. Adotivo Felisberto Gonçalves
1988	D. Leonor Pereira Galdino, por ordem de d. Niquinha, é coroada rainha conga substituta. Já muito velha e doente, d. Niquinha não tinha mais condições físicas para acompanhar todo o exaustivo cerimonial. Ela ordena a coroação de d. Leonor, mas mantém o título efetivo e, enquanto lhe foi possível, participou e recebeu todas as honras de rainha conga, pois foi titular do cargo até sua morte, em 1994.
1990	O sr. Adotivo Felisberto torna-se protestante e deixa o cargo de rei congo.
8 de dezembro de 1991	Coroação do sr. José dos Anjos Filho como rei congo.
18 de julho de 1994	Morte de d. Niquinha, que reinou por 44 anos. D. Leonor Pereira Galdino assume a titularidade do cargo.
1992 a julho de 1994	D. Maria Belmira da Silva Sr. José dos Anjos Filho
Agosto de 1994 a 1997	D. Leonor Pereira Galdino Sr. José dos Anjos Filho
1997	O sr. José dos Anjos Filho licencia-se do cargo de rei congo.

1998	Coroação do sr. João Eustáquio Lopes como rei congo substituto.
1998 a 2008	D. Leonor Pereira Galdino Sr. José dos Anjos Filho, licenciado. Sr. João Eustáquio Lopes, substituto.
4 de agosto de 2008	Morte de d. Leonor Pereira Galdino.
Outubro de 2008	Coroação de d. Nailde Galdino Vieira, filha de d. Leonor, como rainha conga.
2008 a 2010	Rainha conga: d. Nailde Galdino Vieira Rei congo licenciado: sr. José dos Anjos Filho Rei congo substituto: sr. João Eustáquio Lopes
24 de março de 2010	Morte do sr. José dos Anjos Filho, rei congo. O sr. João Eustáquio Lopes assume a titularidade do cargo.
De 2010 à atualidade	Rainha conga: d. Nailde Galdino Vieira Rei congo: sr. João Eustáquio Lopes

Princesas Congas Consagradas

Até maio de 1957	Princesa conga: Edithe Ferreira Mota
Maio de 1957 a 1967	Princesa conga: Leda Maria Martins

Reis Perpétuos
Funções Implantadas Por Virgulino Motta, em 1958.

De 1958 a 1973	D. Maria Augusta Felisberto Gonçalves Sr. Adotivo Felisberto Gonçalves, filho de d. Maria Augusta.
1974	O sr. Adotivo torna-se rei congo e o sr. Ulisses do Nascimento, seu filho, ocupa o cargo de rei perpétuo por dois anos, de 1974 a 1975.
1974 a 1975	D. Maria Augusta Felisberto Gonçalves Sr. Ulisses do Nascimento
1976	Coroação do sr. Elpídio Cândido de Medeiros como rei perpétuo.
1976 a 1982	D. Maria Augusta Felisberto Gonçalves Sr. Elpídio Cândido de Medeiros
1982	D. Maria Augusta, já cega, torna-se protestante e entrega a coroa. D. Alcina Maria Moreira, d. Cininha, é coroada rainha perpétua.
De 1983 a 1988	D. Alcina Maria Moreira (d. Cininha) Sr. Elpídio Cândido de Medeiros

31 de julho de 1989	Morte de d. Alcina Maria Moreira, rainha perpétua.
1989	D. Iracema Pereira Moreira, sobrinha de d. Cininha, é coroada rainha perpétua. Já muito doente, d. Cininha, antes de falecer, indica a sobrinha como sua substituta. Em sua casa, em um raro momento de lucidez após a sua doença, pede a coroa e a coloca na cabeça de d. Iracema, manifestando sua última vontade. Esse ato, testemunhado pelos visitantes, foi confirmado pela irmandade, que respeitou a designação da rainha, querida por todos.
2010	O sr. Wellington Carlos Moreira, a pedido do rei perpétuo, sr. Elpídio Cândido de Medeiros, é designado zelador da coroa e substituto eventual desse rei, em ocasiões em que o mesmo não possa deslocar-se, devido à sua idade avançada.
Reis perpétuos atuais	D. Iracema Pereira Moreira Sr. Elpídio Cândido de Medeiros

Rainha de Santa Efigênia, Rainha de Nossa Senhora das Mercês e Rei de São Benedito

Em 1979, o capitão-mor João Lopes institui as coroas de Santa Efigênia, São Benedito e Nossa Senhora das Mercês, coroando as respectivas majestades.

1979	Rainha de Santa Efigênia: d. Zélia Decimira Soares dos Santos Rainha de Nossa Senhora das Mercês: d. Ana Rodrigues Lopes Rei de São Benedito: sr. João da Luz, que assumiu o cargo por apenas um ano, ficando a posição vaga até 1992.
1979 a 1991	Rainha de Santa Efigênia: d. Zélia Decimira Soares dos Santos Rainha de Nossa Senhora das Mercês: d. Ana Rodrigues Lopes
1992	Morte de d. Ana Rodrigues Lopes.
15 de julho de 1992	D. Alzira Germana Martins é coroada rainha de Nossa Senhora das Mercês e o sr. José Pereira é coroado rei de São Benedito.
1992 a 2001	Rainha de Santa Efigênia: d. Zélia Decimira Soares dos Santos Rainha de Nossa Senhora das Mercês: d. Alzira Germana Martins Rei de São Benedito: sr. José Pereira
17 de março de 2002	Morte do sr. José Pereira, rei de São Benedito.
2002	Coroação do sr. Geraldo Antônio de Oliveira, como rei de São Benedito.
2002 a 2005	Rainha de Santa Efigênia: d. Zélia Decimira Soares dos Santos Rainha de Nossa Senhora das Mercês: d. Alzira Germana Martins Rei de São Benedito: sr. Geraldo Antônio de Oliveira
29 de abril de 2005	Morte de d. Alzira Germana Martins, rainha de Nossa Senhora das Mercês.
Agosto de 2005	Coroação de d. Leda Maria Martins como rainha de Nossa Senhora das Mercês.

2005 a 2018	Rainha de Santa Efigênia: d. Zélia Decimira Soares dos Santos Rainha de Nossa Senhora das Mercês: d. Leda Maria Martins Rei de São Benedito: sr. Geraldo Antônio de Oliveira
2018	O sr. Geraldo Antônio de Oliveira deixa o cargo de rei de São Benedito.
Atuais	Rainha de Santa Efigênia: d. Zélia Decimira Soares dos Santos Rainha de Nossa Senhora das Mercês: d. Leda Maria Martins

Séquito

Guarda-coroas	Portam as espadas, protegendo, auxiliando e acompanhando as majestades. Auxiliam na fiscalização dos eventos, sob as ordens do capitão-mor e do capitão regente.
	Guarda-coroas ao longo do tempo e em períodos variados: Arthur José de Freitas, Tobias, José Galdino, Geralda Sônia da Borja, Gislei Biane Vieira, Marta Ferreira dos Santos, José Gregório Leofredo, Neuza Eulália da Cunha Pereira.
	Guarda-coroas atuais: Edna Cardoso dos Santos, Walquíria Kátia Moreira, Rosemaire Ferreira Passos, Terezinha Porciano de Oliveira, Maria Oni Marques Rodrigues.

Capitania

Dos primórdios: década de 1880	Malaquinhas do Formigueiro funda o Reinado do Jatobá e assume seu comando. Capitães: José Marciano, José Loreano, Belmiro (de Ibirité), Belmiro (de Oliveira), Adolfo (filho de Malaquinhas, tocador de ajojô [agogô]), José Marcelino, Antônio Juviano, Juventino, Antônio Tobias, José Basil da Silva, José dos Anjos Ferreira.
De 1932 a 1974	Marechal do Reino: Virgulino Mota General do Reino: Antônio Tobias General do Reino (a partir de 1950): José Basil da Silva Posteriormente as funções de marechal e de general passam a ser denominadas capitão-mor e capitão regente, respectivamente.
1 de novembro de 1974	Morte de Virgulino Motta.
1975 a abril de 2004	Capitão-mor: João Lopes Capitão regente (a partir de 1981): Matias da Mata
28 de abril de 2004	Morte do capitão João Lopes. O capitão Matias da Mata é designado por d. Maria Ferreira como capitão-mor e o sr. Ildefonso Mota, filho de d. Maria Ferreira, é designado capitão regente.

Junho de 2004 a junho de 2008	Capitão-mor: Matias da Mata Capitão regente: Ildefonso Mota
11 de junho de 2008	Morte do capitão-mor Matias da Mata. O sr. Ildefonso Mota assume o cargo de capitão-mor e designa o capitão de moçambique, sr. Arceu Vallério de Lima, como capitão regente.
Julho de 2008 a outubro de 2012	Capitão-mor: Ildefonso Mota Capitão regente: Arceu Vallério de Lima
Outubro de 2012	O sr. Ildefonso Mota entrega o cargo de capitão-mor e o sr. Arceu Vallério de Lima o acompanha.
Janeiro de 2013	A irmandade designa a mestre Edithe Ferreira, filha de d. Maria Ferreira, como capitã-mor. Duas semanas depois, a capitã Edithe Ferreira informa sua renúncia ao cargo e indica o capitão de moçambique, sr. Expedito da Luz Ferreira, para ocupá-lo. Designado como capitão-mor, o sr. Expedito da Luz Ferreira indica o sr. Juarez Barroso da Silva, neto de d. Maria Ferreira, como capitão regente.
2013	Capitão-mor: Expedito da Luz Ferreira Capitão regente: Juarez Barroso da Silva
Dezembro de 2013	O sr. Expedito da Luz Ferreira perde o cargo de capitão-mor.
Fevereiro de 2014	O sr. Juarez Barroso da Silva é nomeado capitão-mor e indica o sr. Wanderson Aparecido Lopes como capitão regente.
De 2014 à atualidade	Capitão-mor: sr. Juarez Barroso da Silva Capitão regente: sr. Wanderson Aparecido Lopes
Congo de Nossa Senhora do Rosário	Capitães do Congo de Nossa Senhora do Rosário em períodos variados ao longo do tempo: José Marcelino, José Basil da Silva, Claudionor José Venâncio, Dimas Galdino, Juvenal Lopes (mestre de congo até 1985, quando faleceu), Adair Valério de Lima, Juvenil Lopes, Adão de Paiva, Edmar dos Santos, José Apolinário Cardoso, Raimundo Gomes da Silva. Capitania atual do Congo de Nossa Senhora: primeiro-capitão e mestre do congo: José Apolinário Cardoso (desde 1985); segundo-capitão: sr. Raimundo Gomes da Silva.
	Alferes de bandeira atual: Alaíde dos Santos
	Capitães do moçambique em períodos variados ao longo do tempo: José Aristides, José dos Anjos Ferreira, Edson Tomaz dos Santos, José Marciano, Antônio Tobias, Antônio Cassimiro, Manuel Rosa, Sebastião Paulino, Franquelino dos Santos, Antônio Rosa da Silva, João Lopes, Matias da Mata, Antônio Vítor Velozo, Adão José Vicente, Expedito da Luz Ferreira, Arceu Vallério de Lima, Jadir Eustáquio Lopes, Renato Natalino Galdino Chaves, Antônio Carlos Gonçalves.
	Falecimento do capitão Antônio Vítor Velozo.
Guarda de moçambique	Falecimento do capitão Expedito da Luz Ferreira.
Dezembro de 2009	Falecimento do capitão Arceu Vallério de Lima.

27 de maio de 2018	Capitania atual do moçambique Primeiro-capitão: Jadir Eustáquio Lopes Segundo-capitão: Renato Natalino Galdino Chaves Terceiro-capitão: Antônio Carlos Gonçalves
7 de fevereiro de 2020	Alferes de bandeira há mais de trinta anos: Maria Helena Rosa
	Criação da guarda de São Benedito.
Guarda de Congo de São Benedito	Capitania da Guarda de Congo de São Benedito em períodos variados ao longo do tempo: Edithe Ferreira Mota (mestre de congo e cofundadora da guarda), Hélio da Silva (cofundador da guarda), Rosangela Barbosa André, Maria das Graças Cruz, Marilândia Soares dos Santos, Eliete Karla dos Santos Oliveira, Ritielly Caroline Barroso Pereira.
1979	Capitania atual do Congo de São Benedito Primeira-capitã: Eliete Karla dos Santos Oliveira, desde 2007 Segunda-capitã: Ritielly Caroline Barroso Pereira, desde 2013
	Alferes de bandeira atuais: Marta Laura Cerólio (titular), Célia Regina do Nascimento da Silva (suplente).

Outras Funções do Reinado

Zeladora da capela	D. Aracy Mota Saraiva dos Santos, a Bego, era também responsável pelos enfeites dos andores dos santos e pela supervisão da cozinha, até seu falecimento em 9 de dezembro 2019.
Rezadeiras das novenas	D. Aracy Mota Saraiva dos Santos rezava toda a novena de Nossa Senhora do Rosário e puxava a ladainha. D. Edithe Ferreira Mota reza a novena do Divino Espírito Santo e sempre colaborava com sua irmã Bego, na condução dos cânticos e das ladainhas da novena de Nossa Senhora do Rosário. Com a morte de Bego, d. Edithe assumiu a função titular de rezadeira da novena de Nossa Senhora do Rosário. O repertório de cânticos e de versões da ladainha de Nossa Senhora é vasto e diverso nas letras e na variação melódica, nas quais a língua portuguesa se mistura com o latim, dando origem a alguns neologismos. D. Expedita de Jesus Silva, d. Fia, irmã mais velha de d. Edithe e de d. Aracy, foi responsável pelo café nos almoços de reinado, até a morte de d. Maria Ferreira, sua mãe, em 2005.
Mordomos	Devotos responsáveis por auxiliar, com seus donativos, no Levantamento do Mastro de Nossa Senhora do Rosário. A cada ano um devoto assume a função de primeiro mordomo, de cuja casa sai a Bandeira de Nossa Senhora do Rosário para a capela. Após se rezar a novena, levanta-se o último mastro, o de Nossa Senhora do Rosário, no sábado. O primeiro mordomo encarrega-se de recolher os donativos dos outros mordomos e de adquirir os fogos de artifício e as velas para as cerimônias desse dia.

Funções Extintas

Meirinhos	Mensageiros do reino que também serviam as majestades. Meirinhos antigos: Sebastião dos Santos e Levindo.
General	Nos primórdios, ordenança do rei congo e seu eventual substituto. A princesa conga era também a eventual substituta da rainha conga. Antigos generais: José Basil da Silva e Antonio Tobias.
Juízas do pálio	Levavam o pálio que cobre as majestades, auxiliavam na fiscalização dos festejos. Chefe das juízas na época de Virgulino Motta: Maria Gregória dos Santos, a Fifia, filha de José Amador.
Juízas	Maria Gregório dos Santos, Conceição dos Santos, Conceição Maria Dias, Conceição Francisca de Jesus, Maria Adelina Maria da Conceição, Adélia dos Santos, Aracy Mota Saraiva dos Santos, Iracema Pereira de Lima, Luzia de Velu, Neide, Geni, Tuca, Tita, Vera, Fátima, Maria das Graças, Olívia, Diva, Geraldina.
Rainha do povo	Cargo instituído por João Lopes e, posteriormente, extinto. Rainhas do povo: d. Elizabeth Cândido de Medeiros, d. Lucinda Piedade M. Oliveira, d. Maria dos Santos, a d. Nina, última a ocupar o cargo.

Diretoria da Irmandade de Nossa Senhora do Rosário do Jatobá

1950	Criação da irmandade
De 1950 a 1968	Presidente: José Amador Tesoureiro: Leonino Laudelino Leal Secretário: Inácio dos Santos
De 1969 a fevereiro de 1988	Presidente: Getúlio Ferreira Mota Vice-presidente: Joaquim Ferreira Primeiro secretário: Inácio dos Santos Segundo secretário: Ildefonso Mota Tesoureiros: Antonio Ferreira, Veluziano Valério de Lima.
1976	Registro formal da irmandade de Nossa Senhora do Rosário, do Jatobá, com a promulgação de seus estatutos e constituição de nova diretoria
De fevereiro de 1988 a 1991	Presidente: Ildefonso Mota Vice-presidente: Joaquim Ferreira Secretária: Letícia Pereira Galdino Tesoureiros: Geraldo Afonso de Paiva e Antônio Ferreira.

De 20 de outubro de 1991 a 1 de dezembro de 1995	Presidente: Alcides André (João Lopes) Vice-presidente: Célia de Lurdes Ferreira Primeira secretária: Letícia Pereira Galdino Segunda secretária: Walquíria Kátia Moreira Tesoureiros: Francisco Barbosa e Geraldo Afonso de Paiva
1996 a 2001	Presidente: Francisco Barbosa Vice-presidente: José Apolinário Cardoso Primeira secretária: Walquíria Kátia Moreira Segunda secretária: Letícia Pereira Galdino Tesoureiro: Geraldo Afonso de Paiva
2002 a 2004	Presidente: José Raimundo Nonato Secretária: Maria de Lourdes Ferreira Tesoureiro: Flávio Ferreira dos Santos
2005 a setembro de 2011	Presidente: José Apolinário Cardoso Primeira secretária: Letícia Pereira Galdino Segunda secretária: Walquíria Kátia Moreira Tesoureiro: Francisco de Souza Coutinho
Dezembro de 2011 à atualidade	Presidente: José Antônio Rodrigues Vice-presidente: Adélio Ferreira da Silva, até agosto de 2013, quando faleceu; Manoelino Gomes de Oliveira, a partir de setembro de 2013. Primeira secretária: Letícia Pereira Galdino Segunda secretária: Walquíria Kátia Moreira Tesoureiros: Francisco de Souza Coutinho e Vicentina Luiza Barbosa.

Tombamento

Em novembro de 1995, a Irmandade de Nossa Senhora do Rosário, do Jatobá, foi tombada como patrimônio histórico e cultural do município de Belo Horizonte, após minucioso processo desenvolvido pelo Departamento de Memória e Patrimônio Cultural da Secretaria Municipal de Cultura. O processo de tombamento foi coordenado pela socióloga Lídia de Avelar Estanislau e seu registro, publicado em 17 de novembro de 1995, ocorreu durante as festividades de comemoração do tricentenário da morte de Zumbi dos Palmares.

Cantares

Cheguei na casa do rei
o meu destino é cantar
Sá rainha me falou
Pisa nesse chão devagar
CÂNTICO DE CONGO

É o canto da sereia
e seus prantos muito mais
naquele mar profundo
adeus minas
gerais

CÂNTICO DE MOÇAMBIQUE

A complexa tessitura dos reinos negros que almejei traduzir ao longo deste livro manifesta-se com a mesma exuberância na linguagem musical de seus cantares, no alçamento dos quais o corpo, a voz, a palavra, os gestos e movimentos ritualizam toda a performance, regida pela respiração polifônica dos tambores. Essa fala musical, em sua singular diversidade, é um dos significantes-rizoma que balizam as expressões artístico-culturais negras nas Américas, fundadas por formas básicas dominantes das quais derivam, por exemplo, a assimetria do *swing* afro-americano e da ginga brasileira.

Segundo LeRoi Jones (Amiri Baraka), o trânsito, ainda que modificado, da sintaxe musical africana é determinante das construções rítmicas negras americanas, como, por exemplo, no blues e no jazz:

> Os antecessores imediatos do blues foram as músicas afro-americanas e negro-americanas de trabalho, que tinham suas origens musicais na África Ocidental. A música religiosa do negro também se origina na mesma música africana. [...] Uma canção afro-americana de trabalho poderia surgir com rapidez maior na escravidão do que qualquer outro tipo de canção, porque, embora o indivíduo que a cantasse não estivesse mais trabalhando para si próprio, a maioria dos ímpetos físicos que propiciavam aquele tipo de canto ainda se encontravam presentes. Os africanos, no entanto, não eram cristãos, de modo que sua música religiosa e a música com que celebravam os diversos cultos ou rituais tinham de passar por uma transferência distinta e completa de referência.
>
> [...]
>
> E foi esta a música da segunda geração de escravos, suas canções de trabalho. O escravo africano cantara cantos e litanias africanos naqueles campos americanos. Seus filhos e filhas, e os filhos e filhas destes, começaram a usar a América como referência.[1]

Segundo Jones, a música africana e todos os meios de expressão transplantados de África para as Américas foram modificados pela experiência americana, sendo que: "O que mais parece ter sobrevivido da música africana na afro-americana são seus ritmos, não somente o destaque aparente na música africana para as qualidades rítmicas, ao invés das melódicas ou harmônicas, mas também o uso dos efeitos rítmicos polifônicos ou de contraponto."[2]

É ainda Jones quem nos aponta alguns dos aspectos étnico-musicais que sublinham os contrastes entre o tecido musical de ascendência africana e o ocidental, dentre eles:

1. *O Jazz e Sua Influência na Cultura Americana*, p. 26-27.
2. Ibidem, p. 34-35.

a. as qualidades rítmicas

O motivo para o desenvolvimento notável das qualidades'
rítmicas da música africana pode certamente ser atribuído
ao fato de que os africanos também utilizavam os tambores
para suas comunicações, e isso não pelo simples emprego
dos mesmos num tipo de código Morse primitivo, como
já se pensou, mas pela reprodução fonética das próprias
palavras – resultando em que os africanos criaram um sentido rítmico extremamente complexo, ao mesmo tempo
que se tornavam invulgarmente perceptivos a sutilezas
de timbre. Também o sistema harmônico laboriosamente
desenvolvido e que se utilizava no tocar os instrumentos de
percussão, como no caso do uso dos tambores ou demais
instrumentos de percussão, de timbres diferentes, para
produzir contrastes harmônicos, não se mostrou imedia-
tamente reconhecível ao ouvido ocidental; tampouco o
uso de duas ou três configurações rítmicas separadas para
reforçar a mesma melodia veio a ser conceito de fácil reconhecimento para ocidentais acostumados a dispositivos
musicais menos sutis.[3]

b. a diversidade melódica

A diversidade melódica na música africana surgiu não só
nos arranjos reais de notas (em termos de transcrição ocidental), mas na interpretação vocal do cantor. As "técnicas
vocais tensas, ligeiramente roucas" das canções de trabalho
e dos blues advêm diretamente da tradição musical afro-o-
cidental. (Esse tipo de voz para canto é comum também a
muita outra música não ocidental.) Nas línguas africanas
o significado de uma palavra pode ser alterado pela simples alteração do tom da mesma, ou pela modificação de
seu acento – basicamente do mesmo modo como se pode

3. Ibidem, p. 35.

mudar a palavra yeh, que assim vai de resposta simples a um desafio frontal, bastando mover ligeiramente a língua. Os filólogos chamam a isso "inflexão significante", a "combinação de tom e timbre", utilizada para produzir alterações de sentido nas palavras. Isso mostrava-se básico na fala e na música dos africanos ocidentais, e viu-se definitivamente transmitido aos negros do Novo Mundo.[4]

c. o canto responsorial

Outro aspecto importante da música africana, que se encontra de imediato na música do negro americano, é a técnica do canto responsorial. Um solista ou dirigente do canto apresenta o tema, e um coro responde. Suas respostas constituem, em geral, comentários sobre o tema apresentado pelo solista ou dirigente, ou então são comentários sobre essas próprias respostas, em versos improvisados. A extensão dessa improvisação depende do tempo pelo qual o coro deseja se estender, e a improvisação, constituindo outra faceta importante na música africana, vem a ser sem dúvida uma das sobrevivências mais fortes na música dos negros americanos. O próprio caráter das primeiras canções de trabalho sugere que as mesmas, em grande parte, eram improvisadas e, como era natural, a própria estrutura do jazz constitui o enunciado melódico, com número arbitrário de respostas ou comentários improvisados sobre o tema inicial.[5]

d. os dispositivos de percussão

A própria natureza da escravidão na América ditou o modo pelo qual a cultura africana podia ser adaptada, e assim é que uma cerimônia dedicada a um deus fluvial, do Dagomé,

---

4. Ibidem.
5. Ibidem, p. 35-36.

não teria qualquer possibilidade de sobreviver neste país, a menos que se incorporasse a um rito análogo que se achava presente na nova cultura – e foi exatamente o que sucedeu. Os cristãos do Novo Mundo chamavam a isso "batismo", do mesmíssimo modo como as canções africanas de recriminação sobrevivem na forma de um jogo altamente competitivo, chamado "as dúzias" (*the dozens*). (Como qualquer jovem do Harlem poderá ensinar, quando alguém nos diz que "o seu pai é uma mulher", devemos responder, como réplica mínima: "Mas sua mãe bem que gosta disso", ou coisa semelhante.) E na música, onde o uso do tambor africano era severamente proibido, outros dispositivos de percussão tiveram de ser encontrados, como os tambores de óleo vazios, que levaram ao aparecimento das orquestras de tambores de aço das Índias Ocidentais, ou como a bacia de metal, destinada a lavar mãos e rosto, que é virada de borco e assim flutua dentro de outra bacia, e que emite o som de um tronco oco, que serve de tambor aos africanos, quando percutida. O que cabia ao negro, nesta parte do mundo ocidental, era a adaptação e a reinterpretação. O banjo (palavra africana) é instrumento africano, e o xilofone, utilizado hoje por todas as orquestras de concerto no Ocidente, também foi trazido pelos africanos. Mas a sobrevivência do sistema da música da África é muito mais significativa e importante do que a sobrevivência de alguns traços isolados e, afinal, supérfluos. O fato notável está em que a única música chamada popular neste país, e que apresenta qualquer valor verdadeiro, é de origem africana.[6]

e. o universo narrativo das líricas

Outro aspecto importante da música africana era o uso de narrativas folclóricas em letras de canções, provérbios etc.,

---

6. Ibidem, p. 36-37.

que, mesmo desacompanhados por música, constituíam o meio principal de educação dos africanos, o meio pelo qual a sabedoria e conhecimento dos mais velhos eram transmitidos aos mais novos [...].

E assim como as letras das canções africanas eram, em geral, tão importantes ou ainda mais importantes do que a música, as letras das canções de trabalho e os blues que surgiriam mais tarde mostraram-se igualmente importantes, no conceito de música do negro. Na verdade, os "gritos" e "berreiro de campo" pouco mais eram do que letras altamente rítmicas. Até a música puramente instrumental do negro americano contém referências constantes à música vocal. A execução instrumental do blues vem a ser a melhor imitação da voz humana que se encontra em qualquer tipo de música por mim conhecido, e os efeitos vocais em que os músicos de jazz se deliciaram, desde Bunk Johnson a Ornette Coleman, constituem indicação disso. (E parece correto concluir que as escalas africana e de blues partem desse conceito de música vocal, que produz valores de nota quase impossíveis de reproduzir na escala temperada ocidental, mas ainda assim podem ser executadas nos instrumentos ocidentais.)[7]

f. a funcionalidade da expressão

Se pensarmos na música africana com relação ao seu intuito, teremos de ver que ela diferiu da música ocidental no fato de ser música puramente funcional. Bornemann relaciona alguns tipos básicos de canções comuns às culturas da África Ocidental, canções utilizadas pelos moços para influenciar as moças (na corte, no desafio, no desdém), canções utilizadas pelos trabalhadores para facilitar suas tarefas, canções usadas pelos mais velhos a fim de preparar os adolescentes para a virilidade, e assim por diante. [...] Na cultura africana mostrava-se inconcebível, e continua sendo, que se fizesse qualquer separação entre a música, a dança, a canção, o artefato e a vida do homem ou sua adoração aos deuses. A expressão advinha da vida, e era a beleza. No Ocidente, porém, o "triunfo do espírito econômico sobre o espírito imaginativo", como afirmou Brooks Adams, possibilitou o rompimento terrível entre a vida e a arte. Daí uma música que é "música artística", em distinção daquilo que alguém assobiaria enquanto estivesse no amanho da terra.[8]

g. a tendência à obliquidade

Enquanto toda a tradição europeia se esforça pela regularidade – de tom, tempo, timbre e vibrato –, a tradição africana se esforça precisamente pela negação desses elementos. Em linguagem, a tradição africana visa mais à circunlocução do que à definição exata. O enunciado direto é considerado bruto e destituído de imaginação, e o encobrimento de todos os conteúdos em paráfrases sempre mudadas é tido como o critério de inteligência e personalidade. Na música, a mesma tendência para a obliquidade e elipse mostra-se perceptível, e nota alguma é atacada diretamente; a voz ou instrumento sempre se aproxima dela vindo de baixo ou de cima, brinca em volta do tom implicado, sem permanecer qualquer duração maior de tempo, e afasta-se dele sem jamais ter-se comprometido a um único significado. O timbre é velado e parafraseado por efeitos constantemente mudados de vibrato, tremolo e reflexos. A sincronia e a acentuação, finalmente, não são declaradas, mas implicadas ou sugeridas. Isso é a negativa ou ocultamento de todas as marcas visíveis.[9]

Sobre a ritualização de formas básicas musicais africanas no tecido musical brasileiro, Kasadi Wa Mukuna observa:

8. Ibidem, p. 38.

9. Ernest Borneman apud LeRoi Jones, op. cit., p. 39. {Por favor, dar o nome completo de Bornnnehann. Trata-se de um Apud.}

A presença de africanos e seus descendentes, durante quase cinco séculos, no cenário brasileiro, deixou valiosos elementos culturais do velho mundo, cujas marcas persistem em várias facetas da expressão artística. No reino musical, estes elementos, juntamente com elementos das fontes indígenas e europeias, forneceram um solo fértil para o crescimento de várias formas (religiosas e profanas) que serviram nas décadas passadas como tópico para inúmeros estudos, tanto de musicólogos como de folcloristas. Como frequentemente é o caso nos sincretismos musicais resultantes da reunião de elementos africanos e europeus, há uma predominância do conceito rítmico africano de organização, que fornece um pano de fundo sobre o qual as influências europeias, manifestadas em implicações harmônicas e melódicas, encontram suporte.[10]

Sublinhar formas basilares e conceitos rítmicos de organização africanos e afro-americanos não significa expressar um ideal essencialista da tradição pensada como um depósito de materiais em "estado bruto" ou como um repertório museológico do qual a cultura e seus sujeitos pinçam os elementos que traduziriam sua "origem" ou "identidade". Significa, outrossim, salientar os processos estilísticos de refiguração e metamorfoses, textuais e musicais, que foram e são derivados de todos os cruzamentos sígnicos e cognitivos transculturais, nos quais os signos e sua significância se apresentam em estado de trânsito e transição e, portanto, de transformação, inclusive a estética. Nesse sentido, Albert Murray, muito propriamente, nos adverte:

problemas estéticos não requerem menos observação e *insight* simplesmente por ser seu conteúdo material advindo da experiência negra. Seguramente, nenhum artista pode aceitar a inferência de que sua arte seja menos artística. Nem mesmo a aparentemente mais espontânea expressão folclórica é menos artística. Não importa quão rudimentar certa música folclórica, por exemplo, possa soar para um

10. *Contribuição Bantu na Música Popular Brasileira,* p. 67.

não iniciado, a sua existência mesma configura-se numa forma altamente convencionalizada. Árias folclóricas, "ditties", "tunes" e baladas são chamados de tradicionais justamente porque se conformam em muito bem estabelecidos [...] princípios de composição e peculiares estruturas formais de um gênero ou idioma que, sobretudo, é um sistema estético no sentido essencial ou funcional desta expressão[11].

Assim pensadas, as tradições culturais, orais e escritas, não se constituem como um lugar-depósito periodicamente revisitado pelos sujeitos, mas, sim, como sistemas formais de organização, repertório, sim, mas de signos em processos operantes de recomposição diversificada, engendrados pelas culturas e seus sujeitos. Nessa via, Ralph Ellison aponta a improvisação jazzística como um modo espiral de realização peculiar de um diálogo sempre prospectivo com a tradição vernacular, feito de acréscimos e perdas:

Cada momento verdadeiro de jazz [...] irrompe de um contexto no qual cada artista desafia todos os outros e em que cada movimento-solo, ou improvisação, representa (como as sucessivas pinceladas de um pintor) uma definição de sua identidade: como indivíduo, como membro da coletividade e como um elo na corrente da tradição. Assim, porque o jazz encontra seu ponto vital numa infindável improvisação sobre materiais tradicionais, o jazzista deve perder sua identidade, mesmo quando a encontra.[12]

De modo a nos oferecer uma breve imagem da rica e engenhosa diversidade na fraseologia musical dos congados, a etnomusicóloga Glaura Lucas perfaz um minucioso e delicado percurso de pesquisa e audição dessa "infindável improvisação", nos cantares congadeiros que transcreveu e transcriou especialmente para estas *Afrografias*, sobre os quais afirma:

As transcrições musicais a seguir intencionam aproximar as/os leitoras/es da realidade sonora de

11. *The Hero and the Blues*, p. 88. (A tradução deste trecho é de minha responsabilidade.)

12. *Shadow and Acts*, p. 229. (A tradução deste trecho é de minha responsabilidade.)

alguns cantos e toques rítmicos que são ouvidos nas festas do Reinado da Irmandade de Nossa Senhora do Rosário do Jatobá. Como esse repertório pertence a uma tradição de transmissão oral e vivencial vinculada à diáspora africana no Brasil, a sua transposição para a partitura requer algumas reflexões, uma vez que se utiliza o sistema de notação desenvolvido para a representação de músicas de matriz europeia, com suas próprias referências estéticas, perceptivas e hierárquicas do fenômeno sonoro-musical. Além disso, trata-se de uma notação descritiva, ou seja, uma representação visual – tal como um retrato – da performance de cantos/ritmos que aconteceram em um determinado momento, evidenciando ainda mais as limitações desse sistema de notação para traduzir a complexidade e as sutilezas da produção sonora reinadeira. Desta forma, optou-se pela inclusão de símbolos especiais nas transcrições, e também por uma breve descrição de alguns aspectos desses cantos e ritmos, de modo a tornar as representações mais próximas da realidade acústica.

Para além da relação entre durações, o que caracteriza os toques particulares de cada guarda – assim como acontece com outros ciclos rítmicos das tradições afrodiaspóricas, em geral – é sobretudo um jogo de timbres e acentos na percussão. A forma de tocar as caixas, por exemplo, favorece as diferenças de intensidade das batidas das baquetas no couro, uma vez que a mão dominante fica livre, enquanto a não dominante, apoiada no aro, realiza sobretudo *ghost notes*, notas mais fracas que compõem, entretanto, o fluxo do ritmo. Cada toque tem seu padrão básico nas caixas, podendo ocorrer também variações, sendo algumas mais frequentes, e outras conforme a habilidade do caixeiro, dentro, é claro, das possibilidades permitidas a cada guarda, em cada espaço e momento de performance, conforme as obrigações. Variações mais acentuadas são denominadas repiques.

O toque "serra-acima" do moçambique foi transcrito como binário simples. No entanto, é comum ocorrerem tercinas na divisão dos pulsos, como variação nas caixas e como presença constante nos patangomes e gungas. Essas tercinas, porém, não são rígidas. São, de fato, formas que oscilam entre ♫ e ♫·. Assim, o resultado rítmico é muitas vezes maleável, apresentando sonoridades situadas entre essas figuras, o que a meu ver é um dos aspectos que mais caracterizam a música do "serra-acima". A pluralidade rítmica também está presente no "serra-abaixo", que embora tenha como base uma métrica predominantemente binária com divisão ternária (transcrito como 6/8), apresenta um padrão ternário do ciclo básico, como variação no toque das gungas, das caixas e em algumas realizações do canto.

No congo, o padrão rítmico básico da "marcha grave" é resultado de um diálogo entre as caixas, que são afinadas com diferenças de altura. No "dobrado", é comum alguns caixeiros eventualmente alternarem os toques das baquetas no couro, no corpo da caixa e no aro, enriquecendo as possibilidades timbrísticas.

Os cânticos se desenvolvem na forma solo/coro. Alguns cantos são simplesmente repetidos pelo coro. Há também aqueles em que o solista cria ou introduz versos conforme a necessidade do momento, enquanto o coro entoa um refrão, e há ainda os de tipo pergunta/resposta. O coro inclui, além da melodia básica, outras vozes normalmente em terças e oitavas, sem contudo se desenvolverem sempre paralelamente.

Quanto aos aspectos melódico e harmônico, observa-se um temperamento próprio, que não confere com as indicações precisas do pentagrama, referentes ao sistema de afinação valorizado pela estética da música de matriz europeia. Optou-se por incluir nas transcrições um símbolo específico junto à clave, conforme especificado na legenda, para lembrar que a forma como se desenvolvem os cantos reinadeiros não necessariamente segue o previsto no pentagrama tradicional.

A atitude vocal é também um aspecto muito marcante dessa música. Portamentos, notas longas sustentadas em forte sem vibrato, glissandos descendentes ao final de notas sustentadas, e o timbre anasalado são algumas das características vocais frequentes dos congadeiros. Na sustentação de notas longas em finais de frase, as notas do acorde perfeito são dobradas até onde for a capacidade vocal dos cantores. No coro do dobrado do congo masculino, é comum alguns integrantes não cantarem o texto completo do cântico, emitindo apenas algumas sílabas ou propondo contracantos em vogais.

Cada execução de um cântico é única. Seu resultado depende da conjunção de algumas variáveis: o capitão que está tirando o cântico; a tonalidade em que ele canta; o número de pessoas que se encontram na guarda e suas características vocais (predominância masculina ou feminina, qualidades vocais etc.); a ocasião em que estão cantando (se estão caminhando, dançando, parados etc.), dentre outras. Além disso, os cânticos são repetidos diversas vezes, e essas repetições são também diferentes entre si, uma vez que é comum o capitão efetuar variações na melodia (embora mantendo a estrutura rítmico-melódica), ou mesmo improvisar.

As transcrições a seguir constituem, portanto, retratos de uma das repetições de uma determinada execução de cada cântico. Em alguns exemplos, as melodias do solo trazem – em notas de tamanho menor – algumas das variações realizadas sobretudo pelos capitães naquelas execuções de onde foram transcritas. Alguns cânticos foram transcritos a partir de uma entrevista gravada com o capitão João Lopes, que realizou tanto a voz correspondente ao capitão quanto as diversas vozes da resposta coral.

As transcrições dos toques de cada guarda apresentam os ritmos básicos além de algumas das variações mais frequentes, mostrando as realizações de cada mão. Essas variações de cada instrumento podem se combinar de formas diferentes. Portanto, a maneira como estão dispostas verticalmente na grade não significa ser essa a única possível, podendo acontecer outras combinações. As indicações rítmicas das melodias, sobretudo do moçambique, estão sujeitas às mesmas variações das durações dos toques da percussão, uma vez que refletem esses padrões.

Cada partitura traz a indicação da guarda e do toque específico que acompanha o cântico, além do capitão que conduziu a performance.[13]

Símbolos Utilizados na Transcrição

CANTOS	
	Portamento
	Glissando final descendente
	Notas pequenas: variações melódicas
	Nota que não chega a soar completamente

PERCUSSÃO	
	Nota tocada pela mão ou pelo pé dominante*
	Nota tocada pela mão ou pelo pé não dominante*
	Nota tocada no aro da caixa
	Nota tocada no couro, próximo à borda da caixa
	Caráter destemperado

* No caso das caixas, a mão não dominante quase sempre emite sons mais fracos. Isso acontece com as gungas presas aos pés, cujos acentos são determinados pela dança.

13. Glaura Lucas é doutora em Música pela Universidade Federal do Estado do Rio de Janeiro (2005), com estágio na Open University, no Reino Unido; mestre em Musicologia pela Universidade de São Paulo– USP (1999) e especialista em musicologia histórica brasileira pela Escola de Música da Universidade Federal de Minas Gerais–UFMG. Atua na área de etnomusicologia, principalmente com música afro-brasileira, música ritual, reinado, candombe e irmandades do Rosário. O seu texto aqui citado foi escrito especialmente para este livro.É autora de *Os Sons do Rosário* (Editora UFMG, 2. ed., 2014)

Congo – Marcha Grave

Transcrição: Glaura Lucas

Congo Dobrado

Transcrição: Glaura Lucas

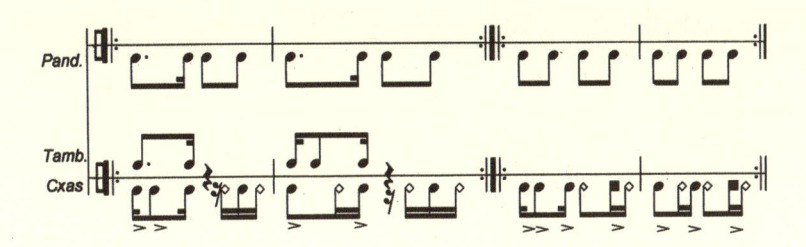

Moçambique – Serra-Acima

Transcrição: Glaura Lucas

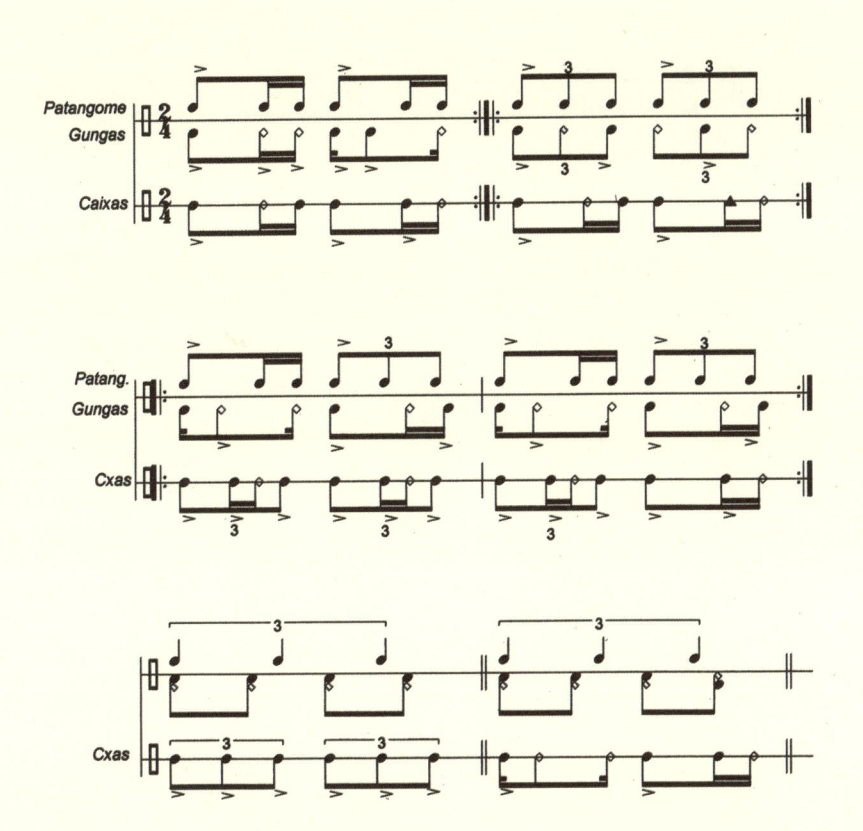

Moçambique – Serra-Abaixo

Transcrição: Glaura Lucas

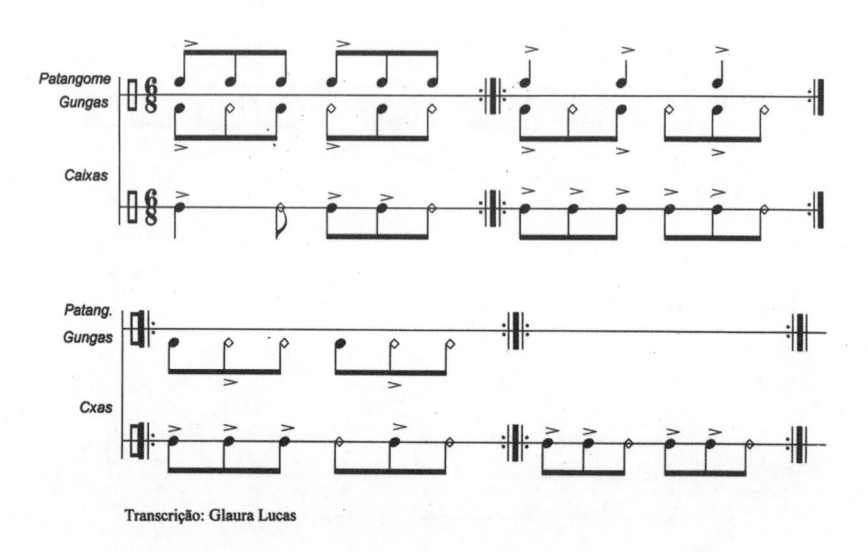

Transcrição: Glaura Lucas

Ó Deus Lhe Salve Casa Santa...

Capitã: Edith Ferreira Mota. Agosto/1995
Transcrição: Glaura Lucas

mo - r'ocá - lix ben - to e a hós-tia con-sa-gra — da

Coro
Ó Deus lhesal - veca-sa san — ta — — —

A-on-de Deus fez a mo-ra — — (da)

Ó Deus lhe sal - ve ca-sa san — ta

A-on-de Deus fez a mo - ra — (da) A - on - de -

mo - r'ocá - lix ben - to e a hós-tia con-sa-gra — da

A - on - de mo - r'o cá - lix ben - to e a

hós - tia con - sa gra — da

Dindirindim

Capitão: João Lopes. Fevereiro/1997 (em entrevista)
Transcrição: Glaura Lucas

Senhora rainha...

Capitão: Aldair Valério de Lima. Julho/1995

Transcrição: Glaura Lucas

A lua se escondeu…

Capitão: José Apolinário Cardoso. Julho/1996

Transcrição: Glaura Lucas

Eu subi o morro…

Capitã: Edith Ferreira Mota. Julho/1996

Transcrição: Glaura Lucas

*Voz inferior realizada por João Lopes junto ao Congo feminino.

Ô tê ô tê ô tê...

Capitão: João Lopes. Fevereiro/1997 (em entrevista)

Transcrição: Glaura Lucas

Santa Maria...

* Dois exemplos de improviso:
  (A) Capitão: José Expedito da Luz Ferreira (versos ininteligíveis). Julho/1996
  (B) Capitão: João Lopes. Fevereiro/1997 (em entrevista)

Transcrição: Glaura Lucas

Moçambique - Serra Acima

Coro San - ta Ma - ri - a mãe de Deus___ ro gai por nós - pe - ca - dô___

Capitão
(Improviso) (A) *

D.C.

Capitão
(Improviso)(B) Sa - ra - vá e'o po - vo d'in-gom-b'au - ê___ Sa - ra - vá e'o po - vo de Mo - çam - bi___

q'ói - a po - v'ói - a de Con-g'a-ru - ê___ Ô mi gi - ra mi kun-da mi gi - rá___

Zum zum zum…

Capitão: Jadir Eustáquio Lopes. Agosto/1996
Transcrição: Glaura Lucas

Senhora do Rosário…

Capitão: Alceu Valério de Lima. Outubro/1995

Transcrição: Glaura Lucas

Moçambique - Serra Abaixo

Ê, minha mãe veio lá do céu...

Capitão: João Lopes. Fevereiro/1997 (todas as vezes, em entrevista)
Transcrição: Glaura Lucas

É devagarim...

Capitão: Antônio Vitor Veloso. Setembro/1995

Transcrição: Glaura Lucas

Moçambique - Serra Acima

Capitão É de-va-ga-rim é de-va-ga-rim___ Ê pro Ro-sá-r'eu vô___ o-

iá É de-va-ga-rim é de-va-ga-ri-nho Ê

ê pro Ro-sá-r'eu vô___ o-iá Coro É de-va-ga-rim é de-va-ga-rim___ Ê

pro Ro-sá-r'eu vô___ o - iá___ É de-va-ga-rim

é de-va-ga-rim Ê pro Ro-sá r'eu vô___ o - iá

Minas Gerais

Capitão: João Lopes. Fevereiro/1997 (em entrevista)

Transcrição: Glaura Lucas

Ô marinheiro…

Capitão: Jadir Eustáquio Lopes. Julho/1996

Transcrição: Glaura Lucas

Chorei, chorá

Capitão: Matias da Mata. Outubro/1996

Transcrição: Glaura Lucas

Moçambiqueiro é hora...

Cantada por: Leda Maria Martins. Fevereiro/1997 (em entrevista)

Transcrição: Glaura Lucas

Afrografias Rituais

Ô chora serr'abaixo
ô chora serr'abaixo
ô chora serr'abaixo
ingomá de crioulo
chora serr'abaixo

CÂNTICO DE MOÇAMBIQUE

Ô mi chor'ingomá
ô mi chor'ingomá
ô mi chor'ingomá
gunga de mamãe
mi chor'ingomá

CÂNTICO DE MOÇAMBIQUE

A Palavra Proferida

Eu vim buscar
eu vou levar
bandeira santa
eu vou levar

CÂNTICO DE CONGO

Nos circuitos de linguagem dos reinados, a palavra adquire uma ressonância singular, investindo e inscrevendo o sujeito que a manifesta ou a quem se dirige em um ciclo de expressão e de poder. No circuito da tradição, que guarda a palavra ancestral, e no da transmissão, que a reatualiza e movimenta no presente, a palavra é sopro, hálito, dicção, acontecimento e performance, índice de sabedoria. Esse saber torna-se acontecimento não porque se cristalizou nos arquivos da memória, mas, principalmente, por ser reeditado na performance do cantador/narrador e na resposta coletiva. Combinatória e síntese de múltiplos elementos, a palavra proferida é investida de um poder de realização nas manifestações rituais de ascendência banto, muito similar à sua investidura nos rituais nagô: "Se a palavra adquire tal poder de ação, é porque ela está impregnada de àse, pronunciada com o hálito – veículo existencial – com a saliva, a temperatura; é a palavra soprada, vivida, acompanhada das modulações, da carga emocional, da história pessoal e do poder daquele que a profere."[1]

Ao contrário do texto escrito, que guarda a palavra, oferecida circunstancial e solitariamente a seu leitor, que com ela estabelece ou não vínculos de prazer, de saber e de reescritura, a palavra oral existe no momento de sua expressão, quando articula a sintaxe contígua, através da qual se realiza, fertilizando o parentesco entre os presentes, os antepassados e as divindades. Conforme Juana Elbein dos Santos, a transmissão oral "é uma técnica a serviço de um sistema dinâmico. A linguagem oral está indissoluvelmente ligada à dos gestos, expressões e distância corporal. Proferir uma palavra, uma fórmula, é acompanhá-la de gestos simbólicos apropriados ou pronunciá-la no decorrer de uma atividade ritual dada"[2]. Paul Zumthor, reiterando esse agenciamento sígnico entre a voz e o gesto, afirma:

> A palavra pronunciada não existe (como o faz a palavra escrita) num contexto puramente verbal: ela participa necessariamente de um processo mais amplo, operando sobre uma situação existencial que altera de algum modo e cuja totalidade engaja os corpos dos participantes. [...] Na fronteira entre dois domínios semióticos, o *gestus* dá conta do fato de que uma atitude corporal encontra seu equivalente numa inflexão de voz, e vice-versa, continuamente.[3]

1. J.E. dos Santos, *Os Nagô e a Morte*, p. 46.
2. Ibidem, p. 49.
3. *A Letra e a Voz*, p. 244.

Esse processo de alçamento da palavra alia o som ao ritmo do corpo e do gesto, conjuga a música e a dança, sinestesicamente produzindo a linguagem do grupo, sua fala:

> Cada palavra proferida é única. A expressão oral renasce constantemente; é produto de uma interação em dois níveis: o nível individual e o nível social, porque a palavra é proferida para ser ouvida, ela emana de uma pessoa para atingir uma ou muitas outras; comunica de boca a orelha a experiência de uma geração à outra, transmite o àse concentrado dos antepassados a gerações do presente.
> A palavra é interação dinâmica no nível individual porque expressa e exterioriza um processo de síntese no qual intervêm todos os elementos que constituem o indivíduo.[4]

A palavra oral, assim, realiza-se como linguagem, conhecimento e fruição porque alia, em sua dicção e veridicção, a música, o gesto, a dança, o canto, e porque exige propriedade e adequação em sua execução, pois para "que a palavra adquira sua função dinâmica, deve ser dita de maneira e em contextos determinados"[5]. Assim, nos congados, cada situação e momento rituais exigem propriedade da linguagem, expressa nos cantares: há cantos de estrada, cantos para puxar bandeira, cantos para levantar mastro, cantos para saudar, cumprimentar, invocar, cantos para atravessar portas e encruzilhadas, e muitos outros. Em cada situação, o capitão deve saber o canto adequado para aquele lugar e momento, pois o sentido da palavra e seu poder de atuação dependem, em muito, da propriedade de sua execução. Ele deve saber o que cantar e em que circunstâncias se produz a eficácia do canto, a vibração da voz e os movimentos gestuais necessários para a produção do sentido. A performance é que engendra as possibilidades de significância e a eficácia da linguagem ritual. Esse processo de semiose é imanente nas culturas Banto, assim como nas de ascendência nagô:

> Esse é particularmente o caso referente à salvaguarda dos textos nos "terreiros" Nagô do Brasil. Perdida a língua como

---

4. J.E. dos Santos, op. cit., p. 49.
5. Ibidem, p. 47.

meio de comunicação cotidiano, só se conserva um riquíssimo repertório de vocábulos, de frases e textos ligados à atividade ritual. Constituem, hoje em dia, uma língua ritual, utilizada unicamente como veículo coadjuvante do rito. O sentido de cada vocábulo foi praticamente perdido; o que importa é pronunciá-lo na situação requerida e sua semântica deriva de sua função ritual.[6]

Esse modo de percepção e dimensão da linguagem oral na cultura religiosa afro-brasileira aponta para traços mnemônicos presentes nos repertórios africanos transplantados para as Américas. Como afirma Marie-Josè Hourantier, "na África tudo começa e tudo termina pela palavra e tudo dela procede"[7], e é pela palavra ritual que se fertiliza o ciclo vital fenomenológico, consenso dinâmico entre o humano e o divino, os ancestrais, os vivos, os infantes e os que ainda vão nascer, num circuito integrado de complementaridade que assegura o próprio equilíbrio cósmico e telúrico. Por isso, a palavra, como sopro, dicção, não apenas agencia o ritual, mas é, como linguagem, também ritual. E são os rituais de linguagem que encenam a palavra, espacial e atemporalmente, aglutinando o pretérito, o presente e o futuro, voz e ritmo, gesto e canto, de modo complementar. Oferecida "à posteridade como ideal cultural do grupo", a palavra proferida produz a eficácia do rito, pois "o medicamento verdadeiro advém da palavra, legada pelo ancestral"[8]. A repetição do rito propicia o fulgor da fala como acontecimento. Repetir é recriar, reiterar, fazer acontecer. Essa reiteração, segundo Muniz Sodré, vem assinalar "a singularidade (logo, o real) do momento vivido pelo grupo. Este momento é importante, vital, para a comunidade, porque ele, e só ele, é capaz de operar as trocas, de realizar os contatos, imprescindíveis à continuidade simbólica"[9].

A eficácia do dito evoca, mimeticamente, nas comunidades congadeiras, a natureza numinosa da voz e o poder aurático da palavra na longínqua África, onde

O ato de dizer se fez [...] um gesto não gratuito na vasta territorialidade africana, adquirindo um especial matiz entre os

6. Ibidem, p. 51-52.
7. *Du rituel au theatre-rituel*, p. 130.
8. Ibidem, p. 135.
9. *A Verdade Seduzida*, p. 176.

sujeitos comunitários, pois tudo, durante séculos, emanou da palavra dita, já que só muito tardiamente a grande maioria dos naturais teve acesso à escrita. [...] Tudo dentro do espaço da vida comunitária africana se construiu/destruiu, por séculos, pela eficácia da voz que tanto re(in)staurava o passado, quanto impulsionava o presente, como anunciava o futuro, antes de e durante os séculos de dominação branco-europeia, quando a escrita não era um patrimônio cultural do grupo.[10]

Para os congadeiros, essa linhagem da palavra vernacular dos antigos sábios das nações dos congados, reis, rainhas, capitães, permanece como signos de referência nos atos rituais, evocados como instâncias da sabedoria que fecunda a comunidade e que ressoa nos cantares que os presentificam. A veneração dos ancestrais funda a visão de mundo banto e se constitui num dos elementos fundamentais de inserção dos códigos culturais africanos no tecido da cosmovisão cristã, reformatando-a africanamente:

> Para o africano em geral e para o Banto em particular, o ancestral é importante porque deixa uma herança espiritual sobre a terra, tendo contribuído para a evolução da comunidade ao longo da sua existência, e por isto é venerado. Ele atesta o poder do indivíduo e é tomado como exemplo não apenas para que suas ações sejam imitadas mas para que cada um de seus descendentes assuma com igual consciência as suas responsabilidades.[11]

Segundo José Redinha, citado por Nei Lopes, essa evocação, entre os bacongo, ao manifestar o respeito religioso pelo espírito dos antigos chefes, "abrange, inclusive, os seus ocupantes mais remotos, mesmo que tenham sido inimigos, os quais são reverenciados no oratório conguês, no intuito de lhes apaziguarem qualquer ressentimento" que possa ser nocivo à comunidade[12].

Em Angola, conforme Padilha, a ancestralidade, como índice de força vital

10. L.C. Padilha, *Entre Voz e Letra*, p. 16.
11. N. Lopes, *Bantos, Malês e Identidade Negra*, p. 229.
12. José Redinha apud N. Lopes, op. cit., p. 129.

constitui a essência de uma visão que os teóricos das culturas africanas chamam de visão negro-africana do mundo. Tal força faz com que os vivos, os mortos, o natural e o sobrenatural, os elementos cósmicos e os sociais interajam, formando os elos de uma mesma e indissolúvel cadeia significativa [...]. [...] Eles estão, assim, ao mesmo tempo próximos dos homens, dos deuses e do ser supremo, cujas linguagens dominam[13].

Os festejos de reinado celebram, em sua liturgia ritual, essa ascendência da memória ancestral, presentificada, pela performance, no tempo e também no espaço. Os cortejos, as visitas de coroas (que louvam seu detentor atual mas também seus antecessores), os círculos concêntricos ao redor dos mastros, do cruzeiro e da capela refazem os rastros legados pelos antepassados no circuito do sagrado: "percorrer caminhos trilhados pelos ancestrais é reviver a força de comunicação com o mundo invisível, é participar do mistério dos que já se foram. Espaço visitado e tempo vivido são fontes de renascimento, de retorno à Unidade, desde que os antepassados deixaram a herança do experimentado"[14].

Esse conjunto de conhecimentos são expressos em atos rituais, afrografias, que instituem a liturgia do reinado, ou seja, "o conjunto de procedimentos (verbais e não verbais) destinados a fazer aparecerem os princípios simbólicos do grupo, aquilo que os gregos acabaram chamando de verdade (*aléthea*)"[15].

13. L.C. Padilha, op. cit., p. 10.

14. N.P. de M. Gomes; E. de A. Pereira, *Negras Raízes Mineiras*, p. 159.

15. M. Sodré, op. cit., p. 130. Segundo Sodré, a palavra *liturgia*, derivada do grego *alethurgués* (alguém diz a verdade), designa esse "conjunto de procedimentos de produção da verdade". Sodré acrescenta que todo poder se legitima por essas "manifestações de verdade, de liturgias".

Geografias de Imagens e Sons
A Abertura do Reino

Ô viva o rei
Ô viva a rainha
viva as três coroas
desse nosso imperial

CÂNTICO DE CONGO

Na Irmandade de Nossa Senhora do Rosário do Jatobá, o cerimonial litúrgico reinicia-se, sempre, na tarde do sábado de Aleluia,
às 18 horas, quando o reinado é reaberto. Silenciosos desde o último
domingo de outubro do ano anterior, quando o reino se fechara e os
tambores repousaram, o som das caixas e das vozes corais se faz de
novo ouvir, em aleluia, saudando o ano litúrgico que ali se anuncia.

Reunidos no interior da capela, os congadeiros se aproximam,
um a um, de uma pequena mesa sobre a qual está o rosário de contas
pretas. Nas extremidades da mesa, o rei e a rainha congos se postam
para receber a congregação. Cada pessoa se ajoelha e beija o crucifixo
pendente do rosário, recebendo assim as bênçãos que consagram o
ciclo do reinado que se reinicia. A seguir, conduzidos pelo capitão
regente, todos rezam o rosário de sete mistérios, o rosário dos pretos,
que conta a criação do mundo.

Quando todos já saudaram o rosário de contas pretas, de quinze
mistérios, o capitão-mor faz ressoar as caixas do moçambique,
entoando, em língua africana, o Pai Nosso, canto de abertura:

> Otê otê otê tê ô auê
> Patunossi cum Ave Maria, auê
> Securo cum metavita, auê
> Auê auê ô
>
> Ô d'inganaiamba punga, auê...
> auê, auê, ô...
> Ô indamba ni gana Iambi
> Bipunga auê, auê ô
>
> Ô zurucum Dambi di pupiá ovê, auê
> Zâmbi di Manganá
> Zâmbi no gira d'Ingoma, auê
>
> Santa Maria, mãe de Deus
> Rogai por nós, pecadô
> Oia Santa Maria, mãe de Deus
> Rogai por nós pecadô

Saravá i o povo de Ingomba, auê
Saravá i o povo di Moçambique
Oia o povo oia di congaruê
Ô no gira mipunga punga no girá

Santa Maria, mãe de Deus
Rogai por nós, pecadô
Oia Santa Maria, mãe de Deus
Rogai por nós pecadô

Após essa louvação solo, o coro dos presentes, acompanhado por todos os instrumentos, saúda a Senhora do Rosário:

Santa Maria, mãe de Deus
Rogai por nós, pecadô
Oia Santa Maria, mãe de Deus
Rogai por nós pecadô

A bandeira de guia do moçambique, que nessa irmandade tem por estampa a pomba que simboliza o Divino Espírito Santo, é alçada pelo capitão, que com ela envolve a cabeça e os ombros dos fiéis, energizando-os com as forças investidas no estandarte.

Em seguida, os capitães, começando pelo capitão-mor, cumprimentam as majestades e os dançantes, no gesto solene, típico dos congadeiros: mão direita do que saúda na mão direita do saudado, faz-se o sinal da cruz, em ambos, alternadamente. Os ombros aí se tocam, pela direita e pela esquerda, as mãos unidas são erguidas e os cumprimentados se abraçam. Acompanham os movimentos corporais preces e votos de bem-estar. Através desse gestual, circulam as energias que revitalizam o sujeito, se positivas, ou dele se deslocam, se negativas. Nesse "simbolismo do corpo, o ombro representa poder e domínio: tocar o ombro é realçar a força do indivíduo; envolvê-lo com uma faixa é tornar sagrada essa força"[16]. Cada uma das guardas saúda o rosário e as majestades com cantos alegres e festivos. Momento de alegria e reflexão, a abertura do rosário congrega a comunidade que reinaugura, festivamente, o ciclo cerimonial.

16. N.P. de M. Gomes; E. de A. Pereira, op. cit., p. 338.

Paisagens do Sagrado

No terceiro domingo de julho, a cerimônia da visita de coroa anuncia a proximidade da festa maior. Reunidas as guardas na capela, forma-se o cortejo para a longa caminhada à casa dos reis. A pé, os congadeiros percorrem as grandes distâncias entre a capela e a casa de cada um dos coroados, para louvar sua insígnia máxima, a coroa. Os reis e rainhas não são obrigados a visitarem-se mutuamente nesse dia, mas geralmente o fazem, acompanhando o cortejo durante todo o dia, apesar da avançada idade de alguns, percorrendo quilômetros sob sol ou chuva.

Antes de sair, o cortejo passa pela antiga residência de d. Maria Ferreira, a nanã da irmandade, que, mesmo após sua morte, ainda é reverenciada. Até o fim do dia, todos os coroados serão visitados. A visita é rápida, mas festiva. Postada à porta de sua residência, cada uma das majestades recebe as saudações dos dançantes e dos acompanhantes, que beijam e louvam sua coroa. Os cantos, variados e alegres, reiteram a relevância do gesto.

Ora o congo canta:

> Palácio do rei
> de longe eu avistei
> Rainha coroada
> coroa do rei

ou

> Senhora rainha
> eu cheguei agora
> vim beijar a coroa
> Sá rainha
> de Nossa Senhora

> Senhora rainha
> sua casa cheira
> cheira a cravo e rosa

Sá rainha
flor-de-laranjeira

Ora o moçambique entoa:

Ora viva rainha de congo
viva
ora viva rainha de congo
viva
a rainha que veio do terreiro d'Angola
viva
a rainha da tribo dona d'ingomá
viva

Ô viva viva viva
Rainha de congo viva

A visita à coroa é sinal de respeito ao emblema e à pessoa que o porta. Visitar a coroa significa, ainda, venerar seus antigos portadores, as majestades antepassadas. "A coroa representa poder, autoridade, majestade"[17], segundo d. Leonor Galdino, e seus emblemas têm função e sentido determinados. Na coroa dos reis congos são gravados cinco símbolos: o emblema do sol, uma bandeira, duas espadas cruzadas, uma meia-lua e uma estrela. O sol representa o poder solar e a autoridade máxima e exemplar que investem os reis congos; a lua é o princípio de serenidade e equilíbrio que harmoniza e suaviza a energia solar, a "que vem serenar, que vem poupar". O signo da bandeira anuncia que "ali está sendo festejada Nossa Senhora do Rosário"[18]. As espadas representam os combates e os conflitos que devem ser enfrentados e resolvidos, com coragem, pelos reis congos. A estrela da guia simboliza a função real de liderar, guiar, indicar e proteger seus comandados.

Investidos do poder máximo, na hierarquia do reinado, os reis congos representam as nações africanas. Por isso, essa função, em particular, só deve ser ocupada por pessoas negras que integram a tradição do reinado. Segundo ainda d. Leonor Galdino, a coroa deve ser recebida, não pelo poder que delega, "não pela grandeza, mas pelo amor que a gente tem à irmandade"[19].

17. D. Leonor Galdino, entrevista realizada em 2 de agosto de 1992.
18. D. Leonor Galdino, entrevista realizada em 18 de dezembro de 1993.
19. Ibidem.

A disposição dos cortejos ostenta a interação dos elementos simbólicos que os constituem, acentuando o valor de cada paramento, em sua individualidade paradigmática e em sua sintaxe coletiva. À frente do cortejo, vêm as guardas de congo. Sobre a calça e camisa brancas, muito alvas, os dançantes usam saiotes azuis ou rosa, cores matriciais do congado. Na cabeça, um capacete de base circular e hastes altas, adornadas por espelhos, flores e fitas coloridas. Os capitães, de quepe, portam o tamboril, seu signo de comando. O congo canta o "dobrado" e o "grave", em tom maior, e suas caixas são leves. Movimentam-se em dupla fileira, executando os passos marcados de uma coreografia lépida. Sob o comando do capitão, que se posta no meio das fileiras, as guardas de congo executam o movimento de meia-lua, uma meia-volta em torno do próprio corpo, cruzam as fileiras ou as atravessam, em volteios e torneios corporais, movimentos velozes e contínuos.

Seguindo a fábula matriz, ao ouvir o canto do congo, a imagem de Nossa Senhora do Rosário ergueu-se das águas, embora não se aproximasse. O texto da lenda determina, na hierarquia das funções sagradas, a posição e deveres das guardas de congo: com seus passos saltitantes, seu ritmo lépido e agudo, suas espadas guerreiras, o congo é o senhor das embaixadas, o que abre os caminhos e rompe os obstáculos para a passagem do moçambique e das coroas do Rosário. Seus cantares, leves e lúdicos, expõem a alegria do congadeiro ao festejar a Virgem do Rosário. Sua mobilidade e agilidade física, assim como os cantares, torneios frasais e dança, expressam o espírito guerreiro, a resistência corporal, "a religiosidade e a vida mais recente do grupo"[20]. Como revela um de seus cantares, o congo "é o que não bambeia". No Jatobá, a Guarda de Congo de Nossa Senhora do Rosário, sob o comando do capitão José Apolinário Cardoso, é a mais antiga da irmandade e em sua bandeira de guia estampa-se a imagem de Nossa Senhora do Rosário. Atrás dela vem a Guarda de Congo de São Benedito, fundada em 1979, em cuja bandeira de guia desenha-se a imagem de São Benedito.

Um dos cantares mais antigos do congo assim se refere à potência investida nessa guarda:

---

20. N.P. de M. Gomes; E. de A. Pereira, op. cit., p. 180.

> Entrei num salão de ouro
> saí num salão de prata
> encontrei Senhora do Rosário
> só ela que me mata

Atrás dos congos, mas primeiro na hierarquia dos ritos sagrados, posta-se o moçambique, também de branco, revestido por saiotes azuis, ou rendados em branco. Seus membros dançam agrupados, usam pequenos guizos nos tornozelos, as *gungas*, e turbantes na cabeça. O moçambique é o senhor das coroas, o que guarda e conduz as majestades, representantes da Senhora do Rosário. Suas caixas são largas e pesadas, os sons graves e, em sua dança e movimentos, os pés nunca se afastam muito do chão. Sua dança articula o movimento trêmulo dos ombros e o gingado dos pés, no ritmo pausado e no timbre surdo dos tambores, chocalhos e *patangomes*. Seu canto e dança, na reminiscência da lenda, é o que mais se aproxima do som dos candombes que fizeram a imagem se movimentar nas águas e acompanhar os negros. O moçambique está vinculado à terra dos ancestrais e domina as forças telúricas e farmacêuticas da natureza. É o senhor dos mistérios mais profundos e sua linguagem, secreta e enigmática, traduz a alquimia da palavra ancestral. No Jatobá, a bandeira de guia do moçambique é vermelha e ostenta a pomba do Divino Espírito Santo, laureada por uma coroa. Canta no ritmo "serra-acima", binário e de andamento mais ligeiro, e no "serra-abaixo", ritmo binário composto, mais lento, mais pausado e de tons lamentosos. Um de seus cantos de segredo diz assim:

> Chora gunga di camburetê
> ê kunda di guerê
> meu povo de moçambique
> no gunga agora quero vê
> auê

Todos os congadeiros, das guardas de congo e de moçambique, usam, cruzado no peito, o rosário de quinze mistérios, de contas negras.

Atrás do moçambique vêm as majestades, protegidas à frente e por detrás, por duas espadas cruzadas, empunhadas pelos guarda-coroas.

O bastão, usado apenas pelos capitães de moçambique e pelos reis congos, é signo de poder e comando. Preparado pelo capitão-mor, o bastão contém, em seu interior, ervas, contas e água do mar, sendo, ainda, consagrado no altar, durante uma cerimônia religiosa. Signo de força e sabedoria, representa o poder de seu portador, que deve guardá-lo e honrá-lo com propriedade.

Feitos de madeira, lisos ou finamente entalhados, os bastões são reminiscências da habilidade africana no entalhe da madeira e no artesanato de máscaras e tótens, especialmente entre os bacongo ou cabinda, dentre os quais "são admiráveis os bastões rica e refinadamente ornados, os enxós finamente trabalhados, os machados de lâmina longa com cabos forjados artística e delicadamente"[21]. Síntese metonímica do saber e da autoridade de seu detentor, os bastões detêm, entre os congadeiros, o mesmo valor de significância que se observa entre os cabinda, para quem representam "o Poder na sua forma mais prestigiosa, funcionando como símbolos de uma sociedade onde o poder do chefe é glorificado, enaltecido [...]"[22].

Ritos de Passagens: As Encruzilhadas

Na cartografia da simbologia ritual dos congados, as portas, porteiras e encruzilhadas representam espaços inseminados de significância, pletora de possibilidades de restituição e reversibilidade. Pontos nodais, nesses lugares manifestam-se as forças que têm poder de barrar ou viabilizar o desenvolvimento do sujeito. Por isso, exigem do congadeiro perícia corporal e cantares apropriados. Atravessam-se, pois, as porteiras de costas e, ao sair dos templos, o corpo deve estar de frente para o altar. Nas encruzilhadas, a guarda de congo performa a coreografia da *meia-lua*, um meio círculo que, como espiral, movimenta-se para frente e para trás, sob a regência do capitão que, cruzando os braços sobre o peito, comanda os volteios corporais.

21. N. Lopes, op. cit., p. 133.
22. Ibidem.

A guarda de moçambique atravessa os entroncamentos de costas, enquanto reis e rainhas cruzam os polegares.

Todos esses sinais são considerados gestos de defesa contra os poderes que transitam pelos entroncamentos e passagens, desafiando a integridade do sujeito que por ali circula. Dona Leonor Galdino assim se refere a esses gestos dos congadeiros: "Eles estão fazendo as defesa deles, porque a encruzilhada é lugar de muita coisa; eles estão correndo perigo e então eles faz a lenha deles e nós, que não podemos virar as costa, nós faz assim, nós cruza os polegar."[23]

Esses gestos nos revelam a engenhosidade liminar negra, e um processo sutil de disseminação e enraizamento, na cultura brasileira, da gnose africana, realçada nas entrelinhas dos discursos e na constituição dos saberes. No ritual congadeiro, a encruzilhada é ponto de convergência de saberes religiosos distintos, banto, iorubá, católicos e se traduz como lugar radial dessas interseções; espaço de origem e diluição, alteridade e identidade, confluência e alteração, pluralidade e individualidade. Na retórica africana e afro-brasileira, as encruzilhadas são um lugar-terceiro, gerador dos efeitos da variedade de processos intersemióticos e transculturais, metonímia do segredo e metáfora das forças energéticas que iludem ou revitalizam o sujeito e as culturas que o constituem.

Espaço de conhecimento curvilíneo, tecido por múltiplas dobras discursivas, na encruzilhada se realça a sintaxe contígua que retece o texto do sagrado no rito congadeiro, crivado de referências religiosas africanas e ocidentais. Os movimentos e gestos dos congadeiros nas porteiras e encruzilhadas nos convidam a ampliar nosso próprio olhar e referências, pois é no jogo do corpo e no anverso da máscara que o signo significa e às divindades celebra. Assim o moçambique nas encruzilhadas canta:

> Estrela do dia
> estrela do mar
> alumia o gira d'ingombe
> pra mia povo passar

23. D. Leonor Galdino, entrevista realizada em 18 de dezembro de 1993. No contexto da fala, a palavra *lenha* significa sortilégio, defesa.

Festa Maior, Reinado Grande

A festa do reinado, realizada na última semana de agosto, é o epicentro de todo o cerimonial litúrgico, exigindo dos membros da irmandade dedicação e disposição absolutas na sua execução. Na penúltima sexta-feira do mês, inicia-se a novena de Nossa Senhora do Rosário na capela. Três dias depois, no domingo, levanta-se o Mastro do Aviso, cuja bandeira é trazida pelas guardas e cortejo da casa do rei congo. Às dezoito horas, após a novena, ergue-se o mastro, numa das cerimônias mais importantes para os congadeiros.

Na gnose do reinado, o Mastro do Aviso é o signo indicial que agencia e congrega as energias telúricas da natureza, em torno do qual gravitam os espíritos dos antepassados e as bênçãos divinas, prenunciando as perspectivas, positivas ou negativas, para o evento maior que, em oito dias, se realizará. O movimento do mastro, ao ser fixado, sinaliza, para os congadeiros, os prelúdios da festa maior. Segundo d. Maria Ferreira, "o mastro dá sinal, se tem de haver alguma coisa errada naquele ano [...] ele tomba de lado, ele deixa a aba cair no chão, se a gente põe a mão no mastro a gente sente o mastro tremer. O mastro tem muitos significados, o mastro dá vida e tira a vida do congado"[24].

Cabe aos sábios do Rosário decodificar os prelúdios que o mastro enuncia, elevando suas preces aos céus para que a festa do reinado transcorra, então, serena e bela. Antes de ser fixada no madeiro, a bandeira, com a estampa da coroa e do bastão, é beijada e levemente tocada pelos bastões, tamboris e espadas. Durante o levantamento do mastro, os cânticos e as preces, aliados aos foguetes e tambores, tecem a orquestração sígnica que sobre o mastro converge. Os cantos e ritmos se intensificam:

> Alevantá, bandeira
> alevantá, bandeira

ou

24. D. Maria Ferreira, entrevista realizada em 14 de novembro de 1993.

Ê vamos mandamento
agora vai pro céu
mandamento

Aos pés do mastro colocam-se velas acesas. O lume e a vibração das chamas são também sinais das forças que ali gravitam e se irradiam. Todos tocam, com as mãos, terços ou bastões, a madeira alçada, e os capitães performam uma dança circular, pisando a terra ao redor do mastro, espaço territorial sagrado e catalisador: "Circula-se o espaço para a ampliação do lugar sagrado, já que os círculos concêntricos que se afastam são outros tantos pontos de sacralização. Senhores do solo, os dançantes repisam a terra tornada sagrada pela fé dos antigos, em todos os reinados, desde a dança primeira que trilhou o lugar."[25]

As mãos erguidas, os fogos e os júbilos de louvor às divindades anunciam o cumprimento da função ritual e a alegria pela bandeira que nos ares tremula. A partir desse momento, capitães, reis e rainhas devem cumprir, rigorosamente, os ritos individuais, as obrigações inerentes às suas funções, conforme resume d. Leonor Galdino: "quando chega na véspera da nossa festa, nós ficamos sete dias de oração e penitência, jejum e penitência, desde o dia que levanta a Bandeira do Aviso, aquela bandeira que tem o bastão, que tem a coroa. A partir daquele dia, nós não podemos pecar, nós temos que ficar em estado de graça, pra melhor entender, ficar em estado de graça aqueles sete dias até a festa"[26].

Banhos de flores, de rosas brancas, principalmente, e preces no altar das coroas, são também deveres dos coroados.

Na última sexta-feira do mês, após a novena, dois outros mastros são erguidos ao lado do Mastro do Aviso: um, com a bandeira de Santa Efigênia, buscada pela Guarda de Congo de São Benedito na casa da rainha de Santa Efigênia; o outro, com a bandeira de Nossa Senhora das Mercês, trazido, pela Guarda de Congo de Nossa Senhora do Rosário, da casa da rainha de Nossa Senhora das Mercês.

No último sábado de agosto, véspera do reinado, levanta-se a bandeira maior, a de Nossa Senhora do Rosário, buscada pela guarda de moçambique na residência do primeiro mordomo. Puxada

25. N.P. de M. Gomes; E. de A. Pereira, op. cit.,, p. 161.
26. Entrevista realizada em 18 de dezembro de 1993.

pelo moçambique e acompanhada por dezenas de fiéis, a bandeira é transladada em cortejo solene, acompanhada de cânticos, preces, velas acesas, fogos, chuvas de prata, sendo o estandarte refinadamente enfeitado por flores e delicados arranjos de papel. Na capela enfeitada e no terreiro, decorado por ramos de bambus e bandeirolas coloridas, muitos devotos aguardam a chegada da bandeira que, iluminada, é assentada no altar, protegida pelos bastões dos capitães. No entreato que antecede a celebração do terço, o público confraterniza-se e diverte-se, acompanhando os leilões e visitando as barraquinhas.

Já avançada a noite, os sinetes chamam os devotos para rezar o terço de Nossa Senhora do Rosário. Cânticos belíssimos, entoados por d. Bego e d. Edithe, ladainhas, algumas em um dialeto que mistura o português e o latim, emolduram a celebração do terço. Chega a hora de levantar o mastro. Puxado por todas as guardas, o estandarte circula a capela, iluminado pelas velas, fogos e chuvas de prata. Ao lado do cruzeiro, o mastro se ergue, num rito solene e mágico que captura a emoção dos presentes. Acima dos outros estandartes, a bandeira de Nossa Senhora do Rosário parece preencher os espaços mais amplos, saudada por fogos e cânticos que louvam a *Undamba Berê Berê*, rainha das águas, a Senhora do Rosário, *ingana manganá* do povo de reinado:

> Ó viva Maria no céu
> Ó viva Maria no céu
> com o rosário na mão
> contemplando o mistério
> Ó viva Maria no céu
>
> CÂNTICO DE CONGO E DE MOÇAMBIQUE

Noite alta, o espetáculo pirotécnico, durante muitos anos preparado pelo capitão Expedito da Luz Ferreira, deleita as crianças e encanta os mais velhos: a roda de fogo, a bandeira que se abre em meio ao fogo, o aviãozinho que cruza os ares, impulsionado pelos fogos, os rojões coloridos, a alegria.

Rito cumprido... festa prenunciada. Dali a poucas horas os tambores de novo ressoarão, anunciando a matina do domingo maior.

Nesse final de noite, os capitães não podem dormir, cuidando de seus preparos, os coroados e dançantes pouco repousam, pois, ao cantar do galo, na virada do dia, os foguetes e os tambores iniciarão a *Alvorada*. Madrugada ainda, um pequeno grupo de capitães sai pela vizinhança da capela, sinalizando, com seus cantos, que o dia de Reinado Grande já começou e todos devem estar a postos. Na cozinha da sede, as chaleiras de café passam de mão em mão, e o fogão a lenha, cujo fogo crepitou durante toda a noite, recebe as primeiras panelas, nas quais se prepara o almoço festivo, oferecido, naquele dia, pela rainha do ano.

Entre as sete e oito horas da manhã do domingo, os dançantes, reunidos na capela, ouvem as ordens do capitão-mor. Realizadas as saudações e preces iniciais, cada guarda inicia seu cortejo para buscar as suas majestades. A pé percorrem quilômetros, até à residência do rei ou rainha que os aguarda, desde muito cedo. Com seu traje cerimonial e coroada pelo capitão, a majestade volta à igreja acompanhada da guarda que a fora buscar, protegida por dois guarda-coroas. Colorido e grave, o cortejo segue por vielas, becos e avenidas, recebendo os cumprimentos e atenção dos devotos, ao som dos tambores:

> Eu vim buscar
> eu vou levar
> coroa santa
> eu vou levar
>
> CÂNTICO DE CONGO

Antes de serem conduzidas à igreja do Rosário, as majestades são reunidas em uma casa previamente determinada, onde se serve o café e se organiza todo o trono coroado e o séquito. Após um breve descanso, o cortejo, já integrado por todas as guardas, inclusive as visitantes, dirige-se para a capela do Rosário, na sede da irmandade: à frente, os congos, a seguir, o moçambique, conduzindo o séquito, reis de ano, reis congos, reis perpétuos, rainha de Santa Efigênia, rainha de Nossa Senhora das Mercês, rei de São Benedito, príncipes, princesas e devotos.

Chegando ao terreiro da irmandade, todos circulam os mastros e se dirigem para a capela, cujas portas encontram-se cerradas. Ali, no adro, inicia-se a cerimônia de celebração da *Missa Conga*[27]. As portas fechadas simbolizam a proibição, no tempo do cativeiro, de os negros adentrarem as igrejas para acompanhar os cultos. Louvando o templo, canta primeiro a Guarda de Congo de São Benedito:

Ó Deus lhe salve casa santa
aonde Deus fez a morada
aonde mora o cálix bento
e a hóstia consagrada

Em seguida, o capitão-mor canta o *lamento* do negro, demandando a abertura das portas:

No dia treze de maio
uma assembleia trabaiô
nego véio era cativo
e a princesa libertô, oiá
nego véio era escravo
e hoje já virô sinhô

Mas no tempo do cativeiro
era branco que mandava
quando branco ia à missa
era os nego que levava, oiá
branco entrava lá pra dentro
cá fora nego ficava, oiá

Branco entrava lá pra dentro
cá fora nego ficava
nego só ia rezá
quando chegava ni sanzala oiá
e se falasse alguma coisa
de chiquira inda apanhava, oiá

27. Criada pela Federação dos Congados de Minas Gerais na década de 1960, como meio de amenizar as relações entre os Reinos negros e a Igreja católica, a missa conga segue os rituais católicos tradicionais, com pequenas variações, sendo os cantares próprios da tradição dos congados entoados ao longo da cerimônia, com o acompanhamento de todos os instrumentos de percussão e ritmo. Dentre outros, participaram da criação da Missa Conga: capitão Edson Tomaz dos Santos, sr. Waldomiro Gomes de Almeida, sr. Salvador (que compôs o "Lamento do Negro"), prof. Romeu Sabará, pe. Nereu e pe. Adeir Marmassote.

Se falasse alguma coisa
de chiquira inda apanhava
mas vou pedir Nossa Senhora
pra tomá conta dessas alma oiá
daqueles nego cativo
e os que morrero na sanzala oiá

Senhor padre, abre a porta
nego véio quer entrá
presidir a santa missa
que vosmicê vai celebrá

Abertas as portas, todos adentram a nave da igreja, saudados então pelo padre celebrante, habitando o templo com o som dos cantos, tambores, gungas, chocalhos, reco-recos, sanfonas e o acorde de todos os instrumentos. Ao longo de toda a missa, o rito católico é acompanhado pelos cânticos das guardas de congo e de moçambique, alguns dos quais em língua africana. Antes do ofertório, o canto do moçambique anuncia a entrega da coroa, bastões e tamboris, gesto que representa o despojamento do poder terreno face ao poder maior que emana das divindades:

Ô entregai, Senhor Rei
ô entregai, Sá Rainha
entregai sua coroa
entregai, Sá Rainha

Segundo Matias da Mata, "a Igreja Católica entra no reinado com o sacramento e o mandamento, mas não com o fundamento. O fundamento é do negro"[28].

Terminada a missa, os congadeiros se confraternizam, sendo o reino saudado pelas muitas guardas visitantes que vêm celebrar o Reinado do Jatobá. Durante todo o dia, os cantos e danças das guardas movimentam, numa imagem sonora e cromática, o terreno da capela, no qual o cumprimento de promessas é ininterrupto. Centenas de pessoas, muitas vindas de regiões distantes e mesmo de outros

28. Entrevista realizada em 15 de fevereiro de 1994.

estados e países, circulam pelas adjacências da igreja. Após a missa, as guardas e seus acompanhantes, alternadamente, dirigem-se ao local onde se serve o almoço. Até o fim do dia, todos os presentes, sem exceção, podem saborear o almoço da rainha do ano, num evento festivo em muito similar às celebrações comunitárias africanas. Após se alimentar, cada guarda agradece a refeição recebida:

Meu Deus, minha santa graça
meu Deus, meu Nosso Senhor
meu Deus deu nós de comer
deu nós de beber
sem nós merecer

Já comeu, já bebeu
já comeu, já bebeu
agora vamos agradecer
meus irmãos
o pão que Deus deu

CÂNTICO DE MOÇAMBIQUE

Guiné, Guiné
Guiné, Guiné
Deus lhe pague
eu agradeço
ô Guiné

CÂNTICO DE MOÇAMBIQUE

Sá Rainha
a senhora tem virtude
eu cheguei aqui doente
vou saindo com saúde

CÂNTICO DE CONGO

Às cinco horas da tarde, arma-se a procissão que leva os andores de Nossa Senhora do Rosário, Nossa Senhora das Mercês, Santa

Efigênia e São Benedito pelas ruas do bairro, num dos eventos mais belos de todo o cerimonial. Pelas avenidas, ruas e ruelas, ressoam os tambores, os cânticos e as ladainhas, num variado repertório de sons e cores, trilhando antigos caminhos, percorrendo os espaços e territórios revisitados pelos congadeiros, anualmente, desde os tempos mais longínquos. Ao cair da noite, as cortes e guardas visitantes se despedem e partem. Bem mais tarde, os tambores descansam e todos se preparam para o último dia de reinado.

Na segunda-feira, os ritos do dia anterior são repetidos com algumas variações. Após o almoço, oferecido pelo rei de ano, os capitães e os reis saúdam os três candombes sagrados, trazidos para a cabeceira da mesa, quando, então, os ancestrais são louvados e rememorados na função que a eles se dirige.

No fim do dia, celebra-se a missa que precede um dos últimos atos do reinado: a coroação dos novos reis festeiros, para o ano vindouro. Aos pés do altar, com todas as majestades paramentadas e graves, inicia-se, após a missa, a pungente cerimônia. Ajoelhados, de frente para o altar, os reis festeiros daquele ano, que vão entregar suas coroas. Ao lado de cada um, os que vão recebê-las. Às suas costas, os reis congos, para proceder à transferência dos paramentos. Circundando a mesa, os outros reis, capitães e assistentes.

De frente para todos, o capitão-mor canta o enredo ritual, respondido pelo coro dos presentes. A cada canto segue-se o movimento por ele anunciado:

1º Movimento:

Ajoelhai, senhor
Ajoelhai, senhora
Em frente de Nossa Senhora
Ajoelhai, senhor e senhora

Ajoelhou, senhor
Ajoelhou, senhora
Com muita fé em Nossa Senhora
Ajoelhou, senhor e senhora

Entregai, senhor
Entregai, senhora
O manto de Nossa Senhora
Entregai, senhor e senhora

Nesse momento, os reis congos retiram os mantos dos reis festeiros e os seguram às costas dos que serão coroados.

2º Movimento:

Entregou, senhor
Entregou, senhora
O manto de Nossa Senhora
Entregou, senhor e senhora

Vai receber, senhor
Vai receber, senhora
O manto de Nossa Senhora
Vai receber, senhor e senhora

Os reis congos cobrem os novos reis com os mantos.

3º Movimento:

Já recebeu, senhor
Já recebeu, senhora
O manto de Nossa Senhora
Recebeu, senhor e senhora

Entregai, senhor
Entregai, senhora
A coroa de Nossa Senhora
Entregai, senhor e senhora

Os reis congos retiram a coroa dos reis, que é beijada pelos que
a entregam e pelos que a vão receber.

4º Movimento:

Entregou, senhor
Entregou, senhora
A coroa de Nossa Senhora
Entregou, senhor e senhora

Vai receber, senhor
Vai receber, senhora
A coroa de Nossa Senhora
Vai receber, senhor e senhora

Os reis congos, com delicadeza, coroam os novos reis.

Já recebeu, senhor
Já recebeu, senhora
A coroa de Nossa Senhora
Recebeu, senhor e senhora

Cântico de louvação:

Lá do céu envém descendo uma coroa
essa coroa é de Nossa Senhora
vamos abraçar ela com jeito
meus irmãos
essa coroa é da Virgem da Glória

Bendito és, louvado seja
bendito és, louvado seja
é o santíssimo sacramento
é o santíssimo sacramento

Os anjos, todos os anjos
os anjos, todos os anjos
louvemos a Deus
para sempre amém

Flores caem sobre os reis coroados que são, então, cumprimentados por todos, efusivamente. Marcada pela emoção, a cerimônia de coroamento dos reis festeiros provoca lágrimas e prenuncia o encerramento dos festejos de reinado daquele ano, na irmandade. Após o cumprimento das últimas promessas, arma-se o derradeiro cortejo para descerramento das bandeiras. Descidos os mastros, de novo circula-se a capela e o cruzeiro, por três vezes, na despedida do solo sagrado. Colocados, então, sobre o altar, os estandartes repousam. Os reis e os capitães puxam as rezas, em agradecimento às divindades e a todos que celebraram os ritos. Repetindo os gestos do primeiro dia, os reis são saudados pelos capitães e se saúdam mutuamente. Todos se confraternizam e, com a alegria do dever cumprido e a melancolia das despedidas, encerra-se a festa de reinado, cumprindo-se, mais uma vez, o legado da tradição, que reúne os pretinhos do rosário[29] no louvor à Nossa Senhora do Rosário. Todos cantam:

Ô, capelinha de Nossa Senhora
esta festa acabou
Ô, capelinha de Nossa Senhora
esta festa acabou

Da abertura do Rosário até fins de outubro, guardas, reis e rainhas da irmandade reúnem-se quase semanalmente, para romarias a outros reinos, retribuindo as visitas recebidas e colaborando com os festejos de outras comunidades irmãs, espalhadas pelos quintais das Minas. No segundo domingo de outubro, realiza-se a cerimônia de translado das coroas dos reis festeiros, denominada *Entrega de Coroa*, quando as guardas e os coroados acompanham os novos reis até suas casas, onde as coroas serão guardadas e veneradas até a festa do ano vindouro.

O Fechamento do Rosário

No último domingo de outubro, às dezoito horas, o reino é fechado. À porta da capela, os reis congos abrem o rosário

29. Negro ou branco, o congadeiro se define como "pretinho do rosário". A *negrura*, portanto, no congado, ultrapassa a tonalidade da cor da pele e se fundamenta na cultura.

de contas pretas de quinze mistérios, retirado do altar, solenemente, pelo capitão-mor e pelo capitão regente. Um a um os congadeiros adentram a capela, passando por entre as contas do rosário, ajoelhando-se para beijar o crucifixo, completando-se, pois, o ciclo vital e de fecundidade iniciado no sábado de Aleluia. Sobre o rosário, assim se expressa d. Leonor Galdino:

> O rosário é um conjunto de preces, um conjunto de oração. Nós fala o terço, mas o rosário mesmo são quinze mistérios. Nós usamos o terço, o terço do rosário que são cinco mistérios e o rosário são quinze. O primeiro terço é os mistérios gozosos, os mistérios do nascimento de Jesus, [...] e a anunciação de Nossa Senhora. [...] O segundo terço do rosário é o do sofrimento de Jesus, [...] os mistérios dolorosos. [...] O terceiro terço que completa os quinze mistérios [...] é o da ascensão de Cristo [...] e a coroação de Nossa Senhora no céu, coroada como rainha do céu e da terra, [...] são os mistérios gloriosos. [...] todo congadeiro tem que ter o rosário de quinze mistérios [...], ele tem que usar é o de quinze mistérios. Por causa que é o rosário mais forte. É, minha fia, um terço de pedra é muito bonito e tudo, mas o rosário forte é o rosário de conta preta, feito de coco, que significa muita coisa. [...] O membro da irmandade é como se fosse um rosário, assim, as contas do rosário. [...] Nós continuamos unidos com Nossa Senhora do Rosário, que é nossa mãe e madrinha e quem segurar no rosário com fé e com amor não perde a fé com muita facilidade não; é preciso que tenha fé, mas uma fé forte, uma fé firme![30]

Faz-se dessa forma porque assim o fizeram os antigos, que cumpriram esses ritos, nesses lugares, num tempo sem tempo. E é essa repetição do gesto, espiralar e prospectiva, que funda a grafia do rito, revisitada e fertilizada pelo gesto do presente, numa espacialidade curvilínea que atualiza o tempo em sua *durée* mítica, sincronizando

30. Entrevista realizada em 18 de dezembro de 1993.

o pretérito no presente e, neste, figurando o futuro. O espaço circunda e congrega os tempos da história e da performance, sulcando a mesma terra pisada pelos antepassados, inscrevendo a oralitura da memória. Por isso a terra nua, espaço consagrado, deve estar sempre aparente em alguns sítios, exposta em sua superfície de puro chão. Nesses lugares, como ao redor do cruzeiro, a terra em sua aparência chã deve ser preservada com a assimetria e a irregularidade do terreno, pois é ali que, geração após geração, os congadeiros desenham com seus passos o traço da voz e do gesto, do canto, da dança e das cores, cuja fraseologia retece os idiomas da memória, legados, desde antanho, pelos mais velhos e reatualizados no evento contemporâneo.

Fecha-se o reinado. Recolocado no altar, circundado pelas imagens das divindades e por outros ícones da representação simbólica, o rosário de contas negras figura o repouso do reino e o silêncio dos tambores. No rumor dos passos que já se afastam do terreiro, ainda se pode ouvir o eco saudoso dos últimos cantares:

Ô, capelinha de Nossa Senhora
esta festa acabou
Ô, capelinha de Nossa Senhora
esta festa acabou

Se a morte não me matar
tamborim
se a terra não me comer
tamborim
ai, ai, ai, tamborim
para o ano eu voltarei
tamborim

Se a Morte Não Me Matar, Tamborim

Adeus, adeus
não chora não.
para o ano eu voltarei
pra cumprir minha função

CANTO DO MOÇAMBIQUE

Embelezou
embelezou
o Rosário de Maria
embelezou

CÂNTICO DE CONGO

"Não deixe meu reinado acabar", sussurrou Virgulino Motta, *anganga muquiche* da Grota do Jacaré, no Jatobá, pouco antes de falecer. Para o congadeiro, o Reinado do Rosário é ato de fé, de devoção à Senhora do Rosário e tributo aos ancestrais, desde os mais longínquos antepassados, trazidos d'além mar, das terras de África; é celebração dos santos católicos e também de Zâmbi, o ser supremo banto, metáfora de todos os deuses; é memória ancestral da filosofia telúrica africana, profundamente imbricada na percepção das forças farmacêuticas da natureza; é realização de uma linguagem que canta a pujança do verbo e do corpo como forças motrizes. É rito religioso que se institui como manifestação do sagrado.

Os congadeiros definem-se como católicos, devotos de Nossa Senhora do Rosário. Os cantares, em toda sua composição discursiva, reafirmam esse vínculo, como nos atesta um antigo canto da região de Carmo do Cajuru, Minas:

> Na porta de zinguereza
> eu vou me ajoelhá
> pra minha mãe do Rosário
> ô eu vou rezá

É no modo singular de alçar essa devoção multifacetada, que aglutina matrizes hagiológicas diversas, que o reinado se ergue como efeito dos cruzamentos entre os arquivos simbólicos africanos e a herança cristã ocidental, coreografando uma forma singular de organização e interpretação do real, de invocação e celebração das divindades e do sagrado. As comunidades congadeiras mais tradicionais rejeitam a denominação de folclore para suas manifestações e cerimonial litúrgico, avocando, em oposição, a conotação religiosa de seus rituais e representações simbólicas.

Acentuando a diferença semântica dos termos *reinado* e *congado*, João Lopes afirmava que os congados são constituídos "por todos os grupos que festejam Nossa Senhora do Rosário" que, em sua diversidade, podem ser "congo, moçambique, catupé, vilão, todos agrupados na devoção do Rosário". O reinado, no entanto, é a representação simbólica que cumpre "as lendas antigas e os fundamentos sagrados", repetindo, na terra, a coroação de Maria entronizada nos três candombes que, na narrativa fabular, deram início ao reinado[1]. E é através dos candombes que a devoção ao Rosário restitui e reterritorializa, em solo brasileiro, um modo africano de louvar e celebrar as divindades, restituindo outras formas de organização coletiva e de cosmovisão que alteram o tecido cultural hegemônico de matriz europeia.

Os festejos de reinado são, assim, um dos muitos atos de fala e de performance de efeito significante e estruturante na identidade negra no Brasil, que não se traduz simplesmente pela cor da pele do

1. João Lopes, entrevista realizada em 28 de fevereiro de 1996.

sujeito. A expressão "pretinhos do Rosário", com a qual os conga-deiros se nomeiam, matiza semanticamente a identidade étnica do sujeito, não por sua aparência fenotípica, mas pelo modo interior de autopercepção e de enunciação. Assim, ser congadeiro é anunciar um laço afetivo e simbólico que, nas cerimônias e liturgias do rei-nado, traduz um poder de autonomeação e de asserção que, de forma numinosa, rompe os muitos atos de silêncio e de oblívio, que velam a alteridade dos sujeitos e a diversidade das culturas.

Como em outros momentos emblemáticos de sua história, o reinado negro, no Jatobá, atravessa um período delicado de trans-formações e desassossegos.

Em 28 de abril de 2004, nosso amado capitão-mor, João Lopes, calunga levou. A gunga chorou, estremeceu, se abalou. No dia ante-rior, mamãe, rainha das Mercês, e eu, fomos ao hospital. Entrou ela primeiro e conversaram por mais de uma hora. Do que falaram, pouco soube eu naquele dia. Ficou para os preparos de depois. Era ela con-fidente, ouvido, coroa de fundamento. Ainda uma vez, como sempre tinham feito no correr dos anos, trocaram mensagens. Mamãe saiu desse último encontro lívida, em profundo silêncio. A rainha de Nossa Senhora das Mercês é a Senhora dos Segredos, que guarda os misté-rios e só os revela por enigmas. Entrei, depois. Ele estava sereno, sabia agora de sua iminente passagem. Com ternura, ainda comigo brincou, mais uma vez me instruiu, me ensinou, professor de encantamentos. Também falou de seu reinado, das sucessões, das angústias, dos misté-rios, riu dos dias por vir. Confiava em nós, as sementes. Meu coração saltava, era eu que quase não podia respirar. Comigo rezou, cantou, a voz já quase sumida, mais rouca, o fôlego miudinho. Me abençoou. Saí, varada de lágrimas, tocada de encantos. No dia seguinte, bem cedinho, madrugada ainda, choramos sua morte.

A notícia se espalhou como rastro de relâmpagos. Relampejou. Tanto desconsolo! Tanta emoção! Na chegada do corpo à capela, os candombes saudaram o mestre e a cada hora do velório repicaram. Era *anganga muquiche*, nosso *tata*. Noite cerrada, Maria, sua mãe, com o filho conversou, para ele cantou. A cerimônia de descoroa-ção, no dia seguinte, foi tensa, pujante, sofrida, mas intensamente bela. O terreiro e a capela ficaram pequenos pra tanta gente. Muitas homenagens também de outros reinos, lugares de perto e de longe, muitos cantares timbrados de lágrimas, muita comoção e dor, muita angústia em nossos semblantes. João foi e ficou, já agora encantado.

Em uma reunião de reinado, no mesmo ano de 2004, d. Maria Ferreira indicou Matias da Mata para suceder João, como capitão-mor.

Nos anos depois, muitos outros dos grandes foram seguidinho habitar as terras sagradas dos reinos d'ingoma.

Em 29 de abril de 2005, faleceu d. Alzira Germana Martins, rainha de Nossa Senhora das Mercês; no mesmo ano, em 11 de maio, d. Maria Ferreira, a Dindinha, matriarca, esteio, guardiã dos bastões e guia maior da tribo desde 1932; em 2008, Matias da Mata, então capitão-mor, e d. Leonor Pereira Galdino, rainha conga; em 2009, o capitão Antônio Vítor Velozo; em 2010, sr. José dos Anjos Filho, rei congo; em 2018, o capitão Expedito da Luz Ferreira; em 2019, a reza-deira Aracy Mota Saraiva dos Santos, a Bego; em 2020, o capitão Arceu Vallério de Lima.

D. Alzira Germana Martins. Amorosa senhora. Porte altivo, talen-tosa cozinheira, afamada benzedeira, devota fervorosa, temperava os saberes com sorriso radiante. Mestre da voz, contava histórias como ninguém. Irradiava carisma. Benzia, curava, aconselhava; empres-tava seus ouvidos e seu carinho a quem precisasse. A todos sempre abençoava com palavras perfumadas e com olhar fulgurante, mas meigo, cheinho de doce maravia.

D. Maria Geralda Ferreira, a Dindinha, de cabelo branquinho, saias rendadas, colares vistosos e rosários cruzados. Matriarca, esteio, guardiã dos bastões. Inspirava autoridade. No seu fogão de lenha, cozi-nhava para todo o povo de reinado. Cantava e dançava com boniteza. Sua gira ao redor dos mastros e ao lado de moçambique era singular, mágica. Consertava mal feito, reparava, orientava, repetia ensinamen-tos, rezava e benzia. Senhora de muitos preceitos, abraçou o Rosário d'Ingoma com firmeza, perseverança, encantos e muita sabedoria.

Matias da Mata. Vinha de linhagem ancestral lá de Contagem. Em 1981, assumiu a função de capitão regente ao lado do amigo e capitão-mor João Lopes, de quem foi leal companheiro na condução do reino, revelando talento exemplar como regente. Enérgico, exigia o cumprimento dos preceitos e a reverência aos coroados, como nos tempos idos. Imponente, aprumado, conduzia com singular autoridade. Em 2004 foi nomeado capitão-mor. Sempre alinhado, reinou com muita galhardia.

Leonor Pereira Galdino, rainha conga, sabia ser terna, mas era também enérgica, de firmes convicções. Da raiz dos Galdino, a mais antiga no Reinado do Jatobá, era parente distante de d. Pulquéria, a senhora da Pantana, e muito amada pela extensa família. Cantava com voz de passarinho. Devota fervorosa do Rosário, recitava os cinco mistérios com rara beleza e doce melodia. Cumpriu sua missão com dedicação, muito respeito e majestosa nobreza.

Antônio Vítor Velozo. Capitão de moçambique de Jatobá e de Ibirité. Preto retinto de uma voz imponente que soava longe, rompendo os ares. Brincalhão, guardava os inquices dos mais antigos e cantava afinadinho cantos longevos. Olhar penetrante e sorriso largo. Senhor de muitos saberes, sabia desfazer e descosturar ingrisias, mau-olhado e vento-virado.

José dos Anjos Filho. Sobrinho de d. Maria e filho do lendário capitão José dos Anjos, era de estirpe antiga, celeiro de muito conhecimento. Cumpriu sua missão com afinco, buscando sempre consertar, quando preciso foi, os desacertos. Honrou sua coroa e exerceu com dignidade, e às vezes sofrimento, o poder que seu cargo lhe atribuía. Em seu voluntário recolhimento, nunca abandonou os atributos de sua função, realizando em seu altar os seus desígnios e indo à capela abençoar seu povo e louvar Ingoma Manganá.

Expedito da Luz Ferreira, o Preto. Capitão de Moçambique. Garboso e enigmático, ainda em vida já era uma lenda. Mestre dos inquices e dos fundamentos. Entoava cantares d'antanho, como no antigamente, e versejava com voz rouca, nos ritmos do serra abaixo e do serra acima, lembrando com sua dança e fraseados os mais velhos anciões. Falava línguas de nego. Respeitado anganga de olhar oblíquo *popiou, mindimbiou n'ingoma di Zâmbi naianga tunga pra Umdamba Manganá cum mei de maravi no chitangome di Gomá, Dambi, Dambá,* cruzado de saberes e de mistérios.

Aracy Mota Saraiva dos Santos, a querida Bego, filha de Virgulino e de d. Maria, participou do reinado desde muito moça como juíza do pálio. Alegre, mas também bravia e crítica, atenciosa com todos. Louvava o Rosário. Era zeladora da igreja, guardiã da cozinha. Cuidava do altar da capelinha e dos andores. De voz bonita, de alcance alto, puxava a novena de Nossa Senhora do Rosário, ajudada pela irmã Edithe, inspirando a congregação com cantares formosos e belíssimas ladainhas.

Arceu Vallério de Lima. Foi dançante de congo quando jovem. Depois capitão de moçambique. Por alguns anos foi capitão regente. Reinava com fervor. Era chamado por João Lopes de "o discípulo amado". Muito querido por todos, é também recordado pelo carisma, jovial alegria, caráter meigo e vibrante simpatia.

Morreram também dançantes e membros antigos, morreu gente moça. Revoadas.

Na cadência da dor, sem tréguas, a gunga rufou lamentos e saudades.

Ai que dor
ai que dor
ai que dor no meu coração
ai que dor

CÂNTICO DE MOÇAMBIQUE

São agora, todos, nossos antepassados. Mas também nosso presente. Nas espirais do tempo, tudo vai e tudo volta, nunca o mesmo, mas o semelhante. Em nós ressoam seus ensinamentos, os cantos e falas que nos deram, os timbres de suas vozes, gestos, suas histórias e reminiscências, sua presença e nunca seu abandono ou esquecimento.

Dificultosos têm sido os anos nos oratórios da memória. Perdas, padecimentos, lacunas, tormentas, faltas, às vezes descaminhos carecendo consertos, acertos e curas. Muitos de nós sucedemos as funções de nossos parentescos ancestrais. D. Nailde Galdino Vieira assumiu o cargo de sua mãe, d. Leonor Pereira Galdino, como rainha conga. Juarez Barbosa, neto de Virgulino e de d. Maria, é hoje

capitão-mor, d. Edithe Ferreira Mota, filha de d. Maria e de Virgulino, de cabelos agora branquinhos, é a nossa mais velha sábia, e eu
vesti a função de rainha de Nossa Senhora das Mercês, sucedendo
minha saudosa mãezinha, d. Alzira Germana Martins. A roda gira em
espirais, e nosso destino é cantar, agarradinhos à Senhora do Rosário,
nosso altar e mãe, Undamba Berê Berê.

> Ô Rosário
> ô minha vida
> vou no Rosário
> visitar minha mãe querida

No movimento, nosso tempo-tambor gira para trás e simultaneamente para frente, na cadência das espirais que enovelam e fecundam
o presente. Volver o olhar para o antes é virá-lo também para o depois,
matizando os agoras. Assim cantamos, assim saravamos, assim dançamos e batucamos:

> Canta, canta, criolo
> sua força vem de Zâmbi

E assim também:

> A Senhora me falou
> que no fundo do mar
> tem areia!
> nego véio respondeu
> esta gunga de preto não bambeia!

No canto espelhamos nossos antigos mestres e inventamos novas
toadas; no sonho também os vislumbramos, pois eles nos habitam
em cantares, gestos bailarinos, olhares ternos, mas também, às vezes,
bravios. São nossa mais viva inspiração e nossa cura. Nosso corpo-mas-
tro, nosso corpo-chão. Com eles de pé estamos e reinadeiros somos.

Em Yataobá, sob as folhas dos jatobás, tem um reino negro banto,
território do sagrado onde reina Undamba Berê Berê, a Senhora do
Rosário, nossa santa *manganá*, mãe de todos, manto sagrado de nossa

frágil existência; lugar de ancestralidade, devoção, histórias, cantares, aromas, lumes, cores, flores e folhas, tambores, saberes e sabores. Lugar de afetos. Oratórios da memória.

> Nesse oteque dia Diambe
> vamo mindimboá
> mindimboá n'ingoma
> pra Umdamba Manganá

> Nesse oteque dia Diambe
> popeia pra Zâmbi
> e Umdamba Manganá

> Bota o mei de andavia no maravi
> e popeia
> pra Undamba Manganá

> CÂNTICO DE MOÇAMBIQUE, cantado pelo capitão Expedito, em 2015.

No passado, o reino soube erguer-se, ainda mais *embelezado*, dos torvelinhos e dos desafios que o tempo e as metamorfoses, muitas vezes a contragosto, impõem. Os cantos d'ingoma, no entanto, não se deixaram esmorecer, reificando a crença na força vital que rompe os torvelinhos:

> Ó Senhora do Rosário
> a senhora é uma mãe tão boa
> ó Senhora do Rosário
> a senhora é cheia d'amor

> Ó venha ver
> os seus filhos ajoelhados
> pedindo força
> pra vencer na vida

"Não deixe o meu reinado acabar", pediu o capitão Virgulino Motta, no leito de morte, a seu filho João Lopes. Ao lado de sua esposa, d. Maria Ferreira, o capitão Virgulino, mestre do Rosário, *anganga muquiche* daquele matão, embelezou o reinado e celebrou a *gunga d'ingoma*, os ritos e devoção legados pelos antepassados. Amigo de Virgulino, o capitão Edson Tomaz dos Santos também repetia em sua sabedoria: "Festa de Sinhá, Reinado de Nossa Senhora do Rosário é coisa de herança, de avô passa pra pai, de pai passa pra filho, de filho fica para os outros filhos e netos."

Não deixar a gunga morrer, não deixar a gunga calar, é sonorizar os saberes legados pelos ancestrais, vivenciados na performance do rito. Assim os tambores desafiam a morte, pois na fala das caixas burburinham, vazando o silêncio, todos os fonemas que matizam os tempos e territórios da voz. Só então a palavra-rizoma, enunciada no presente com o hálito da memória, pereniza-se, dinamicamente, no tempo do rito e da história, como força numinosa no reino híbrido da linguagem, cantando a diversidade do humano e da cultura, desafiando as sombras com o fulgor das Coroas, alumbradas pelo Sagrado que em tudo habita e que o Reinado do Rosário alumia:

> A lua se escondeu
> atrás das matas
> a coroa da rainha
> alumiou
> de prata
>
> Alumiou
> alumiou
> o rosário de Maria
> alumiou
> de prata
>
> CÂNTICOS DE REINADO

Imagens

Canta e dança
crioulo
canta e dança
crioulo
sua força vem de Zâmbi

CÂNTICO DE MOÇAMBIQUE

1 Da esquerda para a direita: capitão Florentino, Antônio Mogiano, d. Jovita (rainha de ano), Juscelino Rodrigues (rei de ano), João Sabino e capitão José Félix. 1944. Acervo de Julieta Barbosa André.

2 Terreiro do Reinado do Jatobá. 1938. Acervo de Julieta Barbosa André.

3 Maria Geralda Ferreira, matriarca do reino. Sem data. Acervo da Irmandade de Nossa Senhora do Rosário do Jatobá.

4 Os três senhores da frente, a partir da esq.: capitão Arthur Camilo Silvério, de Contagem, capitão Virgulino Motta e capitão José Basil da Silva, de Jatobá. 1951. Acervo de Julieta Barbosa André.

5 Maria Belmira da Silva (d. Niquinha), rainha conga; Francisco Lopes (Chico Lopes), rei congo. 1950. Acervo de Julieta Barbosa André.

6 Nailde Galdino Vieira e João Eustáquio Lopes, reis congos atuais. Sem data. Acervo da Irmandade de Nossa Senhora do Rosário do Jatobá.

7 Capitão Expedito da Luz Ferreira. 1996. Foto de Leda Maria Martins.

8 Alcina Maria Moreira, d. Cininha, rainha perpétua e Maria Belmira da Silva, d. Niquinha, rainha conga. Sem data.Acervo de Leda Maria Martins.

9 João Afonso, guarda-coroa, acompanha Geraldo Arthur Camilo, patriarca da Comunidade dos Arturos, em Contagem, e rei congo de Minas Gerais. Cerca de 1997. Foto de Rafael Anderson Guimarães Santos.

10 Capitão Edson Tomaz dos Santos. Sem data. Acervo de Leda Maria Martins.

11 João Lopes, capitão-mor, prepara as contas dos rosários. Sem data. Acervo de Leda Maria Martins.

12 Alzira Germana Martins, rainha de Nossa Senhora das Mercês. Sem data. Foto de Leda Maria Martins.

13 Leda Maria Martins, rainha de Nossa Senhora das Mercês. 2017. Foto de Eliete da Silva Galdino.

14 Leonor Pereira Galdino, rainha conga e Alzira Germana Martins, rainha de Nossa Senhora das Mercês. 1995. Foto de Leda Maria Martins.

15 Majestades. Da esquerda para a direita: Leonor Pereira Galdino, rainha conga; José dos Anjos Filho, rei congo; José Pereira, rei de São Benedito; Zélia Decimira Soares dos Santos, rainha de Santa Efigênia; Alzira Germana Martins, rainha de Nossa Senhora das Mercês. 1995. Foto de Leda Maria Martins.

16 Diva Ferreira, rainha de ano, Zélia Decimira Soares dos Santos, rainha de Santa Efigênia, José Pereira, rei de São Benedito. Sem data. Acervo de Leda Maria Martins.

17 João Eustáquio Lopes, rei congo, e Wellington Carlos Moreira, zelador da coroa do rei perpétuo e seu substituto eventual. 2015. Foto de Eliete da Silva Galdino.

▷ [próximas duas páginas]

18 Terreiro da Irmandade de Nossa Senhora do Rosário do Jatobá. 2017. Foto de César Augusto.

19 Terreiro da Irmandade de Nossa Senhora do Rosário do Jatobá. Sem data. Acervo da Irmandade de Nossa Senhora do Rosário do Jatobá.

20 Antiga capelinha do reinado. Chácara de Virgulino Motta. 1984. Acervo de Getúlio Ferreira Mota.

18

21 Capitão Antônio Vítor Velozo e capitão Matias da Mata. Sem data. Acervo da Irmandade de Nossa Senhora do Rosário do Jatobá.

22 Leonor Pereira Galdino e José dos Anjos Filho, reis congos. 1995. Foto de Eustáquio Neves. Acervo de Leda Maria Martins.

23 Elpídio Cândido de Medeiros, rei perpétuo. 2017. Foto de Vera Godoy.

24 Terreiro da irmandade. Congo de Nossa Senhora do Rosário. 2017. Foto de Vera Godoy.

25 Mapa antigo de Belo Horizonte.

26 Estandarte de São Benedito. 2009. Foto de Maria Consuelo C. de Abreu.

27 Edna Cardoso dos Santos. 2009. Foto de Maria Consuelo C. de Abreu.

28 Capitão Arceu Vallerio de Lima. 2009. Foto de Maria Consuelo C. de Abreu.

29 Capitão José Apolinário Cardoso. 2017. Foto de César Augusto.

30 Antônio Maria da Silva, capitão regente da Comunidade dos Arturos. 2009. Foto de Maria Consuelo C. de Abreu.

31 Iracema Pereira Moreira. 1995. Foto de Eustáquio Neves. Acervo de Leda Maria Martins.

32 Leda Maria Martins, rainha de Nossa Senhora das Mercês, cumprimenta capitão Antônio Casimiro Gasparino, da Guarda de Moçambique Treze de Maio da Concórdia, Belo Horizonte. Sem data. Acervo de Leda Maria Martins.

234

33 Congo de Nossa Senhora do Rosário. 2009. Foto de Maria Consuelo C. de Abreu.

34 Guarda de Moçambique. 2017. Foto de César Augusto.

35 Congo de São Benedito. 2015. Foto de Eliete da Silva Galdino.

36 Aracy Mota Saraiva dos Santos, a Bego, cumprimenta membros da Guarda de Moçambique de Ibirité. 2009. Foto de Maria Consuelo C. de Abreu.

37 Edithe Ferreira Mota, mestre de congo, cumprimenta a irmã, Aracy Mota Saraiva dos Santos. 2009. Foto de Maria Consuelo C. de Abreu.

38 Iracema Pereira Moreira, rainha perpétua, cumprimenta Ildefonso Mota, então capitão-mor. 2009. Foto de Maria Consuelo C. de Abreu.

39 Edithe Ferreira Mota, mestre de congo, cumprimenta Manoel dos Santos, capitão de congo da Comunidade dos Arturos. 2009. Foto de Maria Consuelo C. de Abreu.

40 Andores de Nossa Senhora das Mercês, Santa Efigênia e Nossa Senhora do Rosário. 2017. Foto de César Augusto.

41 Andor de São Benedito. 2009. Foto de Maria Consuelo C. de Abreu.

42 Andor de Nossa Senhora das Mercês. 2009. Foto de Maria Consuelo C. de Abreu.

43 Andor de Nossa Senhora do Rosário. 2009. Foto de Maria Consuelo C. de Abreu.

44 Estandarte de Nossa Senhora das Mercês no altar. 2017. Foto de César Augusto.

45 Altar. 2009. Foto de Maria Consuelo C. de Abreu.

46 Altar. 2015. Foto de Eliete da Silva Galdino.

47 Altar. 2015. Foto de Eliete da Silva Galdino.

48 Coroas. 2017. Foto de César Augusto.

49 Bandeira de guia do Congo de Nossa Senhora do Rosário e tamborins. 2017. Foto de César Augusto.

50 Marta Laura Cerólio, alferes de bandeira, porta a bandeira de guia do Congo de S. Benedito. 2017. Foto de Vera Godoy.

51 Maria Helena Rosa, alferes de bandeira, porta a bandeira de guia da Guarda de Moçambique. 2017. Foto de César Augusto.

52 Em pé, capitão Antônio Vitor Velloso, capitão regente Matias da Mata, Wanderson Aparecido Lopes, Maria Helena Rosa, capitão Arceu Vallério de Lima, e capitão-mor João Lopes. Agachados: Vladimir Galdino e Rogério Galdino. 2000. Acervo da Irmandade N. S. do Rosário do Jatobá.

▷ [próximas duas páginas]

53 e 54 Crianças do Reino. Sem data. Foto de Daniel J. Galdino Vieira.

55 Criança do reino. 2015. Foto de Eliete da Silva Galdino.

56 Crianças do reino. 1996. Foto de Leda Maria Martins.

57 Crianças do reino. 2017. Foto de Vera Godoy.

58 Crianças do reino.1996. Foto de Leda Maria Martins.

59 Jadir Eustáquio Lopes, primeiro-capitão da Guarda de Moçambique. 2017. Foto de César Augusto.

60 Wanderson Aparecido Lopes, capitão regente desde 2014. 2009. Foto de Maria Consuelo C. de Abreu.

61 Eliete Karla dos Santos Oliveira, primeira-capitã do Congo de São Benedito. 2009. Foto de Maria Consuelo C. de Abreu.

62 Renato Natalino Galdino Chaves, segundo-capitão da Guarda de Moçambique. 2017. Foto de César Augusto.

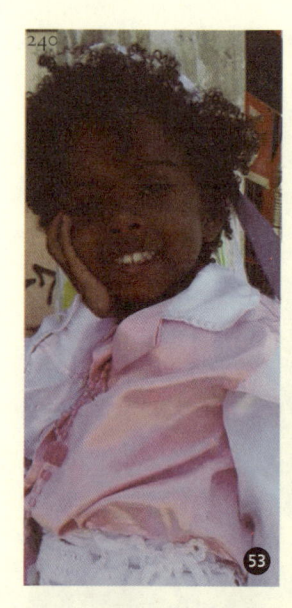

53

54

55

56

57

58

63

64

63 Patangome. Foto de Walber Braga. Sem data. Acervo de Leda Maria Martins.

64 Gungas. Foto de Walber Braga. Sem data. Acervo de Leda Maria Martins.

65 Reco-reco. Foto de Walber Braga. Sem data. Acervo de Leda Maria Martins.

66 Levantamento de mastro. 2009. Foto de Maria Consuelo C. de Abreu.

67 Terreiro da irmandade. 2017. Foto de Vera Godoy.

▷ [próximas duas páginas]

68 Membros da Guarda de Congo de Nossa Senhora do Rosário. 2009. Foto de Maria Consuelo C. de Abreu.

69 Membros da Guarda de Congo de Nossa Senhora do Rosário. 2017. Foto de Vera Godoy.

70 Membros da Guarda de Congo de N. S. do Rosário. 2009. Foto de Maria Consuelo C. de Abreu.

71 Antônio Carlos Gonçalves, terceiro-capitão da Guarda de Moçambique. 2017. Foto de César Augusto.

72 Leonardo Galdino, Thiago Lopes e Jadir Eustáquio Lopes. 2015. Foto de Eliete da Silva Galdino.

65

73 Guarda-coroas, Terezinha Porciano de Oliveira, Neuza Eulália da Cunha Pereira, Edna Cardoso dos Santos e Rosemaire Ferreira Passos. Sem data. Acervo de Rosemaire Ferreira Passos.

74 Matias da Mata, capitão-mor, Rosemaire Ferreira Passos, guarda-coroa, Natália Biane Galdino e Ildefonso Mota, à época capitão-regente. 2005. Acervo de Rosemaire Ferreira Passos.

75 Gisley Biane Vieira e Walquíria Kátia Moreira, guardas-coroa. 2015. Foto de Eliete da Silva Galdino.

76 Família Galdino. 2015. Foto de Eliete da Silva Galdino.

77 Juarez Barbosa da Silva, capitão-mor desde 2014. 2017. Foto de César Augusto.

78 Ritielly Caroline Barroso Pereira, segunda-capitã do Congo de São Benedito. 2017. Foto de César Augusto.

77

78

Referências

Fontes Documentais Orais

Entrevistas com membros da Irmandade de Nossa Senhora do Rosário do Jatobá e com moradores antigos da região.

Fontes Documentais Escritas

Arquivo Histórico do Museu do Ouro de Sabará. Casa Borba Gato. Iphan. Fundo Cartorial do Segundo Ofício de Notas. Ahmos. Fundo Cartorial do Primeiro Ofício de Notas. Sabará, Minas Gerais.

Arquivo Público Mineiro. Centro de Documentação. Belo Horizonte.

Cúria Metropolitana de Belo Horizonte. Centro de Documentação e Informação. Cedic/BH. Belo Horizonte.

Instituto de Geociências Aplicadas. IGA/MG. Belo Horizonte.

Museu Abílio Barreto. Belo Horizonte.

Prodabel. Belo Horizonte.

Plambel. Belo Horizonte.

Atas da Irmandade de Nossa Senhora do Rosário do Jatobá. Belo Horizonte.

Livros e Artigos

ANDRADE, Mário de. *Danças Dramáticas no Brasil*. 2. ed. Belo Horizonte/Brasília: Itatiaia/INL, 1982.

APPIAH, Kwame Anthony. In *My Father's House: Africa in the Philosophy of Culture*. New York: Oxford University Press, 1992.

ASHCROFT, Bill; GRIFFITHS, Gareth; TIFFIN, Helen. *The Empire Writes Back*. London/ New York: Routledge, 1989.

ATLAS *Chorographico Municipal*. V.1. Belo Horizonte: Imprensa Oficial/Secretaria da Agricultura – Serviço de Estatística Geral, 1926.

BARRETO, Abílio. *Bello Horizonte, Memória Histórica e Descritiva*. Belo Horizonte: [S.n.], 1928.

_____. *Bello Horizonte, Memória Histórica e Descritiva*. Ed. atual. rev. e anotada. Belo Horizonte: Fundação João Pinheiro/Secretaria Municipal de Cultura de Belo Horizonte, 1995.

BASTIDE, Roger. *As Américas Negras: As Civilizações Africanas no Novo Mundo*. Tradução de Eduardo de Oliveira e Oliveira. São Paulo: Difel/Edusp, 1974.

BHABHA, Homi K. (Ed.). *Nation and Narration*. London/New York: Routledge, 1990.

BOSCHI, Caio César. *Os Leigos e o Poder: Irmandades Leigas e Política Colonizadora em Minas Gerais*. São Paulo: Ática, 1986.

BRANDÃO, Carlos Rodrigues. *A Festa do Santo de Preto*. Rio de Janeiro/ Goiânia: Funarte/ INL/ Universidade Federal de Goiás, 1985.

CACCIATORE, Olga G. *Dicionário de Cultos Afro-Brasileiros*. 3. ed. rev. Rio de Janeiro: Forense Universitária, 1988.

CAMPOLINA, Alda M.P.; MELO, Cláudia A.; ANDRADE, Mariza G. *Escravidão em Minas Gerais: Cadernos do Arquivo – 1*. Belo Horizonte: Secretaria de Estado da Cultura/Arquivo Público Mineiro/Copasa, 1988.

CANEDO, Letícia B. *A Descolonização da Ásia e da África*. São Paulo: Atual/Unicamp, 1986.

CARVALHO, José Jorge de. *Cantos Sagrados do Xangô do Recife*. Brasília: Fundação Cultura Palmares, 1993.

CASCUDO, Luís da Câmara. *Literatura Oral no Brasil*. Belo Horizonte/São Paulo: Itatiaia/Edusp, 1984.

CASTELLO BRANCO, Lucia. *A Traição de Penélope*. São Paulo: Annablume, 1994.

CASTRO, Yeda Pessoa de. A Presença Cultural Negro-Africana no Brasil: Mito e Realidade. *Ensaios/Pesquisas*, Salvador, n. 10, 1981.

CONQUERGOOD, Dwight. Rethinking Ethnography: Towards a Critical Cultural Politics. *Communication Monographs*, v. 58, jun. 1991.

CONTOS *Africanos*. Seleção de Fernando Correia da Silva. Tradução de Maria Adelaide B. Nunes. Rio de Janeiro: Ediouro, 1966.

ELISSON, Ralph. *Shadow and Acts*. New York: Signet Books, 1966.

FAGAN, Brian M. *África Austral*. Lisboa: Verso, 1970.

FERRETI, Sérgio F. *Repensando o Sincretismo: Estudo Sobre a Casa das Minas*. São Paulo/ São Luís: Edusp/Fapema, 1995.

FONSECA, Geraldo. *Contagem Perante a História*. Contagem: Edição da Assessoria de Imprensa e Relações Públicas da Prefeitura Municipal de Contagem, 1978.

GATES JR., Henry Louis. *The Signifying Monkey: A Theory of African-American Literary Criticism*. New York/Oxford: Oxford University Press, 1988.

GATES JR., Henry Louis (Ed.). *Race, Writing and Difference*. Chicago: The University of Chicago Press, 1985.

GIRARDELLI, Élsie da Costa. *Ternos de Congo*, Atibaia. Rio de Janeiro: MEC/SEC/Funarte/INL, 1981.

GODINHO, Maria Luisa; ROSÁRIO, Lourenço. O Conto Moçambicano: Da Oralidade à Escrita. Rio de Janeiro: Te Corá, 1994.

GOMES, Núbia Pereira de M.; PEREIRA, Edmilson de Almeida. *Negras Raízes Mineiras: Os Arturos*. Juiz de Fora: MEC/EDUFJF, 1988.

HESÍODO. *Teogonia, a Origem dos Deuses*: estudo e tradução de Jaa Torrano. São Paulo: Iluminuras, 1991.

HOURANTIER, Marie-Josè. *Du Rituel au Théatre-rituel*. Paris: Editions L'Hamarttan, 1984.

INTRODUÇÃO *ao Estudo do Congado*. Belo Horizonte: PUCMinas, Centro de Extensão, 1974.

JONES, LeRoi. *Blues People*. New York: William Morrow and Company, 1963.

____. *O Jazz e Sua Influência na Cultura Americana*. Tradução de Affonso Blacheyre. Rio de Janeiro: Record, 1967.

LOPES, Nei. Bantos, *Malês e Identidade Negra*. Rio de Janeiro: Forense Universitária, 1988.

LUNA, Francisco Vidal; COSTA, Iraci del Nero. *A Presença do Elemento Sudanês nas Minas Gerais*. O Estado de S. Paulo, 2 mar. 1980. Suplemento Cultural, v. 4, n. 174.

MATA MACHADO FILHO, Aires da. *O Negro e o Garimpo em Minas Gerais*. Belo Horizonte/São Paulo: Itatiaia/Edusp, 1985.

MAESTRI, Mário. *História da África Negra Pré-Colonial*. Porto Alegre: Mercado Aberto, 1988.

MARTINS, Leda Maria. *A Cena em Sombras*. São Paulo: Perspectiva, 1995.

____. Gestures of Memory, Transplanting Black African Networks. In: MCQUIRK, Bernard; OLIVEIRA, Solange R. (Ed.). *Brazil and the Discovery of America: Narrative, Fiction and History*. England: Ewin Mellen Press, 1995.

MARTINS, Saul. *Folclore em Minas Gerais*. 2. ed. Belo Horizonte: Editora UFMG, 1991.

MENEZES, Joaquim Furtado de. *Igrejas e Irmandades de Ouro Preto*. Belo Horizonte: Instituto Estadual do Patrimônio Histórico e Artístico de Minas Gerais, 1975.

MEYER, Marlyse. *Caminhos do Imaginário no Brasil*. São Paulo: Edusp, 1993.

MIRANDA, Wander Melo. *Corpos Escritos: Graciliano Ramos e Silviano Santiago*. São Paulo/Belo Horizonte: Edusp/Editora UFMG, 1992.

MORAES FILHO, Melo. *Festas e Tradições Populares do Brasil*. São Paulo/Belo Horizonte: Edusp/Itatiaia, 1979.

MUDIMBE, Victor Yves. *The Invention of Africa: Gnosis, Philosophy, and the Order of Knowledge*. Bloomington/Indianapolis: Indiana University Press, 1988.

MUKUNA, Kazadi Wa. *Contribuição Bantu na Música Popular Brasileira*. São Paulo: Global, [s.d.].

MURRAY, Albert. *The Hero and the Blues*. New York: Vintage Books, 1995.

NEVES, Guilherme Santos. *Bandas de Congos*. Rio de Janeiro: MEC/Funart/INL, 1980.

OLSON, David R.; TORRANCE, Nancy. *Cultura Escrita e Oralidade*. Tradução de Valter Lellis Siqueira. São Paulo: Ática, 1995.

ORLANDI, Eni Puccinelli (Org.). *Discurso Fundador, a Formação do País e a Construção da Identidade Nacional*. Campinas: Pontes, 1993.

PADILHA, Laura Cavalcante. *Entre Voz e Letra: O Lugar da Ancestralidade na Ficção Angolana do Século XX*. Niterói: EDUFF, 1995.

PIERSEN, William D. Black Yankees: *The Development of Afro-American Subculture in Eighteen Century* New England. Ambust: University of Massachussets Press, 1988.

POEL, Francisco Van der, O.F.M. *O Rosário dos Homens Pretos*. Belo Horizonte: Imprensa Oficial, 1981.

PORTO, Guilherme. *As Folias de Reis no Sul de Minas*. Rio de Janeiro: MEC, SEC/Funarte/INL, 1982.

REIS, Eliana Lourenço de Lima. *Um Escritor Africano no Espaço Cultural Liminar: A Literatura de Wole Soyinka*. Tese Doutorado em Literatura Comparada – Faculdade de Letras, Universidade Federal de Minas Gerais, Belo Horizonte, 1995.

RIBEIRO, Maria de Lourdes B. *Moçambique*. Rio de Janeiro: MEC, SEC/Funarte/INL, 1981.

RISÉRIO, Antônio. *Textos e Tribos: Poéticas Extraocidentais nos Trópicos Brasileiros*. Rio de Janeiro: Imago, 1993.

SALLES, Fritz Teixeira de. *Associações Religiosas no Ciclo do Ouro*. Belo Horizonte: Universidade de Minas Gerais, 1963.

SANCHIS, Pierre. *Sincretismo e Jogo das Categorias: A Propósito do Brasil, de Portugal e do Catolicismo*. Belo Horizonte: UFMG/Fafich, Dept. de Sociologia e Antropologia, 1993.

SANTOS, Juana Elbein dos. *Os Nagô e a Morte: Pàde, Àsèsè e o Culto Ègun na Bahia*. 5. ed. Tradução da Universidade Federal da Bahia. Petrópolis: Vozes, 1988.

SENNA, Nelson Coelho de. *Anuário Histórico-Chorographico de Minas Gerais*. Ano III. Bello Horizonte: Chorographia História e Estatística do Estado de Minas Gerais, 1909.

_____. *Contribuições Para Ethnologia Brasileira*. Revista de Língua Portuguesa, v. 22, 1923.

SERRES, Michel. *Filosofia Mestiça*. Tradução de Maria Ignez Duque Estrada. Rio de Janeiro: Nova Fronteira, 1993.

SHIPPER, Mineke. *Beyond the Boundaries: African Literature and Literary Theory*. London: Alisson & Bushy, W.H. Allen & Co. Plc, 1989.

SODRÉ, Muniz. *A Verdade Seduzida: Por um Conceito de Cultura no Brasil*. Rio de Janeiro: Codecri, 1983.

SOUZA, Antonio Augusto de. Barreiro: *130 Anos de História, da Argila ao Aço*. Belo Horizonte: Mannesman S.A., 1986.

SOUZA, Eneida Maria de. *A Pedra Mágica do Discurso: Jogo e Linguagem em "Macunaíma"*. Belo Horizonte: Editora UFMG, 1988.

STERLING, Stuckey. *Going Through the Storm: The Influence of African-American Art in History*. New York: Oxford University Press, 1994.

TINHORÃO, José Ramos. *Música Popular de Índios, Negros e Mestiços*. São Paulo: Vozes, 1975.

VASCONCELOS, Diogo. *História Antiga de Minas Gerais*. V. 2. Rio de Janeiro: Imprensa Oficial, 1948.

VERGER, Pierre Fátúmbi. *Dieux d'Afrique*. Paris: Éditions Revue Noir, 1995.

ZAMITH, Rosa Maria B. Aspectos Internos do Fazer Musical num Congado de Minas Gerais. *Revista Música*, São Paulo, v. 6, n. 1-2, 1995.

ZUMTHOR, Paul. *A Letra e a Voz: A "Literatura" Medieval*. Tradução de Amálio Pinheiro e Jerusa Pires Ferreira. São Paulo: Companhia das Letras, 1993.

Legendas das Imagens de Abertura dos Capítulos

PÁGINA 2   Capa da 1ª edição de Afrografias. Fotomontagem de Eustáquio Neves. 1997. Acervo de Leda Maria Martins.

PÁGINA 19   Bastão do capitão-mor João Lopes. 1996. Foto de Leda Maria Martins.

PÁGINA 20   João Lopes, capitão-mor. 1996. Foto de Leda Maria Martins.

PÁGINA 27   Caixas em descanso. Sem data. Foto de Frederico Gualberto de Souza. Acervo de Leda Maria Martins.

PÁGINA 28   Candombes. Sem data. Acervo de Leda Maria Martins.

PÁGINA 51   Andor de Nossa Senhora das Mercês. 2009. Foto de Maria Consuelo C. de Abreu.

página 52   Altar. Sem data. Acervo da Irmandade de Nossa Senhora do Rosário do Jatobá.

PÁGINA 86   José Basil da Silva, José dos Anjos Ferreira, Claudionor Venâncio, Manuel Ferreira, Virgulino Motta. 2009. Acervo de Julieta Barbosa André.

PÁGINA 149   Retrato sem data de Maria Geralda Ferreira. 2009. Foto de Maria Consuelo C. de Abreu.

PÁGINA 150   Instrumentos. Sem data. Acervo de Leda Maria Martins.

PÁGINA 182   Coroas antigas. Sem data. Acervo de Leda Maria Martins.

PÁGINA 210   Mastros. Em cima: 2009. Foto de Maria Consuelo C. de Abreu. Embaixo: 2017. Foto de Vera Godoy.

PÁGINA 220   Crianças do reino. 2017. Fotos de César Augusto.

PÁGINA 248   Congo de São Benedito. 2017. Foto de Vera Godoy

PÁGINA 255   Estandarte de Nossa Senhora do Rosário. Sem data. Acervo da Irmandade de Nossa Senhora do Rosário.

Este livro foi impresso na cidade de Guarulhos,
nas oficinas da Vox Gráfica e Editora..